Carlos Cuauhtémoc Sánchez

JUVENTUD en ÉXTASIS 2

DIAMANTE
Best Sellers de valores
para mentes jóvenes

ISBN: 978-607-7627-25-8

Derechos reservados:

D.R. © Carlos Cuauhtémoc Sánchez. México,1997.

D.R. © Ediciones Selectas Diamante, S.A. de C.V. México, 1997.

Mariano Escobedo No. 62, Col. Centro, Tlalnepantla Estado de México, C.P. 54000. Miembro núm. 2778 de la Cámara Nacional de la Industria Editorial Mexicana. Tels. y fax: (0155) 55-65-61-20 y 55-65-03-33 Lada sin costo: 01-800-888-9300 EU a México: (011-5255) 55-65-61-20 y 55-65-03-33 Resto del mundo: (0052-55) 55-65-61-20 y 55-65-03-33 Correo electrónico: informes@editorialdiamante.com ventas@editorialdiamante.com

Director Editorial: Lic. Rosa Elena Gutiérrez

Coordinación Editorial: F. Javier Gil

Colaboraciones: María Ivonne Herrera, Lilia del Carmen Gómez José Luis Rodríguez, Dr. Emilio Aparicio y Mauricio Herrera.

Diseño gráfico: L.D.G. Leticia Domínguez C.

www.editorialdiamante.com

www.carloscuauhtemoc.com

IMPRESO EN MÉXICO / PRINTED IN MEXICO

Contenido

1

El coche de Cynthia Citlalli estaba descompuesto, así que Efrén fue por ella a la universidad. Estacionó el auto cerca y, mientras esperaba, observó la salida de los alumnos. Eran muchos. Una motocicleta llegó y se detuvo frente a la puerta; su conductor se quitó el casco, sacudió la cabeza y se alinó el pelo con los dedos. Dos bellas chicas se acercaron al motociclista. Comenzaron a charlar. Después de media hora, la calle se quedó solitaria, excepto por los tres jóvenes. Las muchachas se habían subido a la moto para jugar con el manubrio y el cortejador les enseñaba cómo conducir.

Cynthia Citlalli apareció. Efrén la saludó con la mano. Ella cruzó la calle.

—Hola, papá —lo besó en la mejilla.

—Hola, amor. Tardaste en salir.

—Estuve charlando con la directora. Leyó nuestro libro. Quería preguntarme algunas cosas. Saber si era cierto lo de mi abuelo Asaf y la forma en que conociste a mi madre. Ya te imaginas, no tengo mucha privacidad desde que se publicó esa historia.

Efrén condujo muy despacio camino a casa. Tomó el carril lateral del Periférico. La motocicleta con el galán y las dos jovencitas pasó junto a ellos. Las chicas no traían casco.

—¡Mira, hija! Esos muchachos acaban de conocerse y ahora van a dar un paseo al estilo *club sándwich*.

El tráfico estaba casi detenido unos metros adelante y les dieron alcance.

—Son compañeras de mi salón.

—¿Y el joven?

—Nunca lo había visto.

Los autos comenzaron a avanzar, la motocicleta se abrió paso. La siguieron con la mirada y advirtieron cómo disminuyó su velocidad para doblar a la derecha en la entrada de un motel.

—¿Viste lo que yo?

—Sí.

—¿Crees que tus amigas lo estén haciendo por su propia voluntad? ¿No necesitarán ayuda?

Cynthia Citlalli dudó, sacó su teléfono celular y buscó en el directorio. Apretó la tecla para marcar. No obtuvo respuesta. Minutos después insistió.

—Hola. ¿Sonia? Habla Cynthia. ¿Cómo estás? ¿Bien? ¿De verdad? No, por nada; es que hace mucho no te veo; ¿de qué te ríes? ¿Te están haciendo cosquillas? Bueno, luego te hablo.

Cynthia guardó su celular. Levantó las cejas como disculpándose por la conducta de sus amigas.

—¿Sabes? —comentó Efrén—, hicimos bien en imprimir algunas copias de nuestra historia.

—Sí... pero... —se detuvo.

—¿Pero..?

—*Juventud* es una novela. Los conceptos se subordinan a la trama y eso provoca que algunos malinterpreten el mensaje. Lo atacan tomando frases fuera de contexto sin considerar que los personajes viven un proceso de cambio.

Su voz sonaba afligida. Hablaba de retórica pero en realidad parecía querer hablar de otra cosa.

—¿Qué sugieres?

—Papá, ayúdame a estudiar el libro. Me lo diste cuando tenía quince años y tal vez no lo he comprendido del todo —bajó la voz con angustia—. ¿Cómo te explicaré? Yo... me siento muy honrada de que hayas escrito todo eso para mí, pero... —hizo una pausa; la voz le falseó un poco—. Pero tengo miedo de decepcionarte.

Llegaron a la casa. Efrén detuvo el auto junto a la acera y se volvió para mirar a su hija.

—¿Qué te sucede?

Los ojos de Cynthia se llenaron de lágrimas. Permaneció callada.

—¿Tú de veras crees... —comenzó a preguntar titubeando—, que los jóvenes no deberíamos tener relaciones sexuales hasta casarnos? ¿*De verdad* lo crees?

—¿Por qué me preguntas eso?

—¡Ya nadie piensa así!

—Es cierto; los tiempos cambian, pero existen principios de actos y consecuencias que nunca cambiarán...

—Papá, si organizaras los conceptos de otra forma, tú sabes, con más objetividad, en tono más científico, podrías preparar un seminario. Mis compañeros lo necesitan... Yo también... ¡Somos estudiantes del segundo año de medicina!, pero, ¿sabías que Sonia ya estuvo embarazada una vez y abortó...? ¿Sabías que proviene de una familia muy religiosa? ¿Sabías que el hijo de la directora estudia en mi grupo y tiene la más sucia colección de pornografía impresa que puedas imaginar? ¿Sabías que en la universidad hubo, hace poco, una epidemia de blenorragia? Papá, ¡entre compañeros se recomiendan antibióticos como si se tratara de dulces!

—Te noto muy alterada, ¿qué te pasa exactamente? Dime la verdad.

Mantuvo la mirada en el suelo.

—No es nada.

La chica salió del auto. Entró a la casa. Efrén la siguió.

Dhamar estaba en la sala; los saludó; Cynthia pasó de largo y se dirigió a su habitación.

—¿Qué le sucede?

—No lo sé.

—Voy a hablar con ella.

Era obvio que Cynthia enfrentaba algún problema relacionado con su sexualidad y no le tenía la suficiente confianza a su padre para compartírselo.

Efrén se sentó en la cocina a tomar un refresco. Siempre le había sido difícil acercarse a su hija. Recordó cuando ella era bebé. Caminó a su archivo y buscó una hoja que redactó para Cynthia a los pocos días de su nacimiento. La leyó reviviendo los sentimientos encontrados de un hombre que desde los inicios no sabe cómo lidiar con la paternidad.

Hija:

Eres un bebé, un bebé muy pequeño. Tienes apenas diez días de nacida y fuiste prematura, así que eres más pequeña que los bebés normales, pero yo sé que crecerás y serás el mayor orgullo de mi vida.

Estoy a solas contigo en mi habitación. No lo sabes, pero me encuentro aquí, atento a cada movimiento tuyo.

Quiero escribirte porque de algún modo tengo que desahogarme de esta emoción tan fuerte que me daña.

A veces te hablo, te digo con reservas todo lo que te amo. La euforia me inunda y entonces bajo la cabeza para besar tus piesitos y mirarte largamente.

No lo hago muy seguido porque casi no tengo la oportunidad de estar solo contigo. Apenas me encierro para disfrutarte, entra mi esposa o mi suegra y comienzan a hablarte como si fueras tonta y a hacerte ruiditos nasales o cantos absurdos. No sé por qué me molesta tanto que te traten así. A veces me da la impresión de que las visitas te miran como un juguete con vida, motivo de festejos y juegos. Mi cielo, ¡siento tantos celos de la gente que viene, te habla boberías, te da de comer y me aparta como si fuera el hombre inútil que no sabe cómo tratar a un bebé!

Cynthia, cuando te vi por primera vez sentí miedo, sentí la obligación de trabajar más fuerte, de esforzarme para darte lo mejor. Ahora, todo lo que pienso, hago y digo las veinticuatro horas del día, bien o mal, es para ti. Quiero decirte que has cambiado mi vida, que te esperé siempre, que soy el hombre más feliz de la Tierra porque estás aquí, conmigo, en esta habitación. Mi vida, que no me importa que sean las dos de la madrugada, te disfruto y te gozo aun dormida. Por primera vez siento la extraordinaria maravilla de ser padre...

Efrén volvió a guardar el documento y caminó hacia el cuarto en el que su esposa y su hija se habían encontrado por casi una hora. Tocó la puerta.

Dhamar abrió.

—No sé de qué hablan, pero déjenme participar.

Su esposa asintió.

—Platica con Cynthia —dijo Dhamar abandonando el recinto.

Padre e hija se quedaron solos. Ella estaba sentada en la cama con la cara agachada.

—Papá, perdóname...

—¿Qué pasa?

—Tú sabes que Ricardo y yo teníamos planes de casarnos... lo hice por amor... creí en él.

Efrén asintió. En su juventud también fue un donjuán. Sedujo a varias chicas de la edad de Cynthia, semejantes en muchos aspectos a ella. Todo se veía tan diferente desde ese lado... Antaño como un conquistador, ahora como el padre de una joven conquistada.

—No creas que soy como mis compañeras de la motocicleta, papá —el tono de la chica era casi inaudible—. Pero tampoco soy como a ti te gustaría.

Sus palabras mostraban una angustia legítima.

—Tranquilízate, hija... —su voz era amorosa, pero se hallaba desconcertado al ver a su pequeña angustiada por haberse entregado a destiempo. Le extendió un pañuelo para que limpiara sus lágrimas.

—Lo hice por amor... —insistió—. Yo quería casarme con Ricardo.

—¿Y ahora dónde está él?

—Se alejó de mí...

—Deseaba sólo tu cuerpo.

—¿Por qué? ¿Por qué los hombres son así?

El novio de Cynthia siempre aparentó ser un joven serio... Pero dicen que los caballos más mansos son los que dan el peor golpe, por la confianza que inspiran. Lo mismo ocurre con los seres humanos.

—Hija, alguna vez te escribí que si llegabas a tener relaciones sexuales antes de casarte respetaría tus decisiones sin importar que estuviera o no de acuerdo con ellas...

—Sé el párrafo de memoria: "Te querré siempre igual, pero si eliges entregar tu cuerpo hazlo con el conocimiento de lo amargo que vendrá y no sólo de lo dulce del presente".

Efrén se sentó junto a ella. Por algunos segundos no hablaron.

—Te amo, pequeña.

—¿Todavía?

—Más que nunca.

Se abrazaron.

El huracán llegó inesperadamente. Ignoraban que era sólo el comienzo.

2

Al día siguiente, mientras intentaba concentrarse en el trabajo de la oficina, llegó la siguiente embestida del tifón. La secretaria de Efrén lo llamó por el intercomunicador con voz tensa:

—Señor Alvear, le llama su hija por teléfono.

Apretó el botón de la línea.

—¿Cynthia?

—¡Papá, necesito que vengas a la escuela!

—¿Qué pasa?

—Es importante que vengas. *Ya estamos bien.*

La última frase lo hizo saltar. ¿Estaban bien? ¿De qué?

—Voy para allá.

—Búscame en la cafetería. Entra por la puerta de atrás.

Salió corriendo. Su mente imaginaba mil posibilidades. Tal vez se trataba de un asalto, un incendio, un derrumbe...

Manejó con rapidez. Al llegar a la universidad se dio cuenta de que sus sospechas eran reales. Dos pipas de bomberos estaban frente al edificio. Varios policías desviaban el tráfico. Los autos avanzaban lentamente. Después de unos minutos eternos, logró estacionarse, bajó del coche a toda prisa y cruzó la avenida esquivando vehículos. El acceso principal de la escuela estaba cerrado; la banqueta, acordonada; rodeó a bomberos y policías para correr hacia la puerta de atrás. Esquivó con dificultad el río humano que caminaba en sentido contrario y llegó a la cafetería. Cynthia, de pie en el rincón, hablaba con una chica que estaba sentada con la cabeza hundida.

—Hija, ¿qué pasa?

—Alguien arrojó una bomba casera a la puerta de la escuela.

—¿Cómo?

—No era tan potente como para matar a alguien. Pero dos estudiantes sufrieron quemaduras.

—¿Por qué? ¿Aquí?

—Sonia cree que querían lastimarla a ella —se refirió a la chica sentada a su lado—. Mira, papá; te presento a Sonia.

—Hola —Efrén la saludó de mano—. No entiendo.

—Un motociclista pasó frente a la universidad a toda velocidad. Sonia y yo estábamos platicando cuando lo vimos. Ella se puso un poco nerviosa. Entonces regresamos a la escuela. El sujeto pasó otra vez y arrojó la bomba.

—¿Reconociste al muchacho, Sonia? ¿Quién es?

Hubo un largo silencio. Cynthia aguantó la respiración.

—Papá... es el mismo motociclista que vimos ayer.

—¿El que llevó a tus dos compañeras al motel?

Asintió.

—¿Y tú, Sonia? ¿Lo conocías desde antes?

—Lo conocí ayer.

Efrén recordó:

— *¿Sabías que Sonia ya estuvo embarazada una vez y abortó...?*

La muchacha habló sin poder detener el temblor de su cuerpo:

—Señor Efrén, por favor, no se lo diga a nadie...

Tenía al menos que decírselo a Dhamar. La invitó a cenar. Camino al restaurante la puso al tanto de los acontecimientos.

Llegaron al mismo restaurante escondido, de luz tenue y abundante ornamentación vegetal, en el que, muchos años antes, le declaró su amor. El lugar no había cambiado.

En esa ocasión, el estado de ánimo de la pareja distaba mucho de ser romántico.

—Estoy preocupado —le dijo él apenas tomaron asiento.

—Yo también —dijo Dhamar—. Nuestra hija tiene sobre ella una influencia que puede perjudicarla.

—Sí. Hace años me ayudaste a escribir nuestras vivencias entretejidas con las enseñanzas que aprendimos de uno de los mejores terapeutas sexuales de nuestra época. Nos basamos en investigaciones e informes científicos y creímos que con eso habíamos cumplido nuestra parte en la educación sexual de nuestra hija, pero nos equivocamos. La teoría no es suficiente. Lo que tú y yo vivimos en la juventud no puede compararse en nada con lo que Cynthia y sus amigas viven *ahora*. Los tiempos han cambiado.

Dhamar ordenó un café. Efrén la miró. Después de tantos años de haberle declarado su amor en ese mismo lugar, se seguía sintiendo cada vez más atraído por ella. Era psicóloga especializada en terapia para la el manejo de duelos y dirigía un prestigioso consultorio.

—Tengo una paciente que se llama Laura, con sida. Cuando la veo no puedo evitar pensar en Cynthia. Son de la misma edad y se parecen físicamente. Laura no ha querido decírselo a sus padres. Está tan abatida que ha intentado suicidarse... En mi consultorio lo veo todo el tiempo. Los jóvenes se encuentran inmersos en una guerra, sin armas para defenderse. Les hemos dado información, pero no formación; les hemos dado la vida pero no les hemos enseñado a vivirla; conocen técnicas pero no ética.

—Tienes razón.

—¿Platicaste con Sonia?

—Sí.

—¿Qué te dijo?

—Textualmente confesó: "Magdalena y yo salimos con ese muchacho de la motocicleta ayer. Pero la cosa se puso muy fea. Apenas nos encerramos en la habitación, el hombre nos ató y nos vendó los ojos. Creímos que estaba jugando, pero luego comenzó a golpear a Magdalena. Traté de desatarme. No pude. Me tapó la boca y me arrancó parte de la ropa. Me amenazó. Estuve luchando por liberarme hasta que lo logré. Cuando me desaté vi a Magdalena en el suelo. Empujé al tipo con todas mis fuerzas y salí corriendo a la calle, subí a un autobús y fui a encerrarme en mi casa".

—¿Y Magdalena?

—No regresó. Nadie sabe de ella.

—¡Efrén!, ¡no me digas que la chica desapareció!

—Sí. Cynthia y yo llevamos a Sonia con el jefe de la policía. Casi tuvimos que obligarla a declarar.

Dhamar permaneció con los ojos fijos. Por primera vez se daba cuenta de la magnitud del huracán.

—¿Qué vamos a hacer?

—Cynthia me pidió que impartiera un curso.

—¿Y vas a aceptar?

—Sólo si me ayudas.

—¿Cómo?

—Tú eres la psicóloga. Me proporcionaste todo el material técnico para escribir *nuestro* libro. Yo sólo soy un empresario que sabe redactar historias, pero tú eres mi cerebro izquierdo y mi brazo derecho. Además trabajaste con mi padre y escribiste la colección completa de revistas de su consultorio médico, tienes la esencia de Asaf Marín...

—¿Y por qué no le pedimos ayuda a él?

—Le afecta la altura de la ciudad. No podría venir a impartir el curso.

—Claro, claro, pero sí podría darnos consejos. Estoy segura de que aún conserva algunos papeles de sus seminarios.

Efrén asintió. No perdían nada con intentarlo.

Para llegar a la casa de Asaf Marín había que viajar por carretera más de siete horas.

Fue un largo trayecto en la sierra a través de un sinfín de curvas. Efrén siempre se preguntó por qué su padre había elegido un lugar tan inaccesible para pasar los años de su jubilación.

En contraste con el camino, su finca era un lugar hermoso, rodeado de exuberante vegetación, montañas y lagos. Después de las tensiones de la semana, llegar ahí fue como encontrar un oasis.

Asaf los recibió con gran alegría. Abrazó a su hijo, a su nuera, y a su nieta, conmovido de verlos aparecer de improviso. Los llevó a conocer el potrillo pinto que había nacido el mes anterior. Después desapareció unos minutos para darse un baño. Cynthia montó una hermosa yegua alazana y comenzó a trotar alrededor del ruedo. El potrillo seguía a la yegua. Dhamar miraba nerviosa la escena y en cada vuelta recomendaba a la amazona que tuviera cuidado.

Cuando Asaf volvió, perfumado y con ropa limpia, Efrén sintió primero ternura por él al ver la forma en que le entusiasmaba la visita y después culpa por no haberlo visitado desde hacía casi un año.

—Algo grave debe de ocurrir para que hayan llegado sin avisar.

—Sí, papá —Efrén caminó con él—. Aunque, la verdad, cualquier excusa es buena para venir a verte.

—No finjas. ¿En qué puedo ayudarte? ¿Necesitas dinero?

—No... Necesito algo mucho más valioso...

Efrén le contó lo acontecido a Sonia y a Magdalena; le habló de la bomba casera, de la confesión de Cynthia, de su petición de ayuda... Asaf se mostró preocupado. Amaba mucho a su nieta.

—Todavía conservo el material de mis seminarios. No es un curso, pero tal vez pueda servirles.

Mientras Dhamar y Cynthia desfogaban sus deseos reprimidos de convivir con la naturaleza, Asaf llevó a Efrén a la cabaña. Encendió su computadora y buscó algunos archivos.

—Supuse que tendrías traspapelados los apuntes de tus charlas.

—No. Esos documentos valen mucho para mí. Los viejos tenemos poco que hacer. He invertido tiempo en digitalizar el material.

—¿Puedes enviarme los archivos?

—Claro. Y úsalos. Me siento muy orgulloso de poder ser útil todavía.

Efrén lo miró sin hablar. Se dio cuenta de que a su padre le había ocurrido lo que a muchas eminencias: se retiró huyendo del cúmulo de compromisos asfixiantes y después de un tiempo lamentó no poder seguir ayudando a las personas de las que huyó.

—¿No te gustaría ir a la ciudad a impartir tú mismo el seminario?

—Sí me gustaría... pero estoy enfermo y el médico me ha prohibido viajar. Sobre todo a la ciudad. Además, Efrén, cuando mis dos hijos se hallaban en medio de los más terribles problemas sexuales, estudié y trabajé intensamente para sacarlos adelante. Ahora se trata de tu hija. Es la ley de la vida. Yo te apoyo, pero el problema es tuyo...

Efrén tomó el *mouse* y revisó el material en la pantalla. No podía pedir más.

Dhamar y Cynthia entraron agitadas comentando a grandes voces lo briosa que era la yegua de cría.

Efrén mostró el documento a su esposa en la pantalla, mientras Cynthia platicaba con el abuelo sobre caballos.

El rostro de Dhamar se iluminó al reconocer el material en ese nuevo formato.

—Es lo que necesitamos.

Escribieron una carta para la directora de la facultad.

Dos días después la llevaron a la rectoría.

Apreciada doctora Norma Escandón:
Supimos que usted platicó con Cynthia sobre nuestro libro. También supimos que su hijo es compañero de ella y que tanto Magdalena, la joven desaparecida, como su amiga Sonia, estudian en el mismo grupo. Por eso nos atrevemos a escribirle. Los jóvenes viven una época de adelantos tecnológicos extraordinarios pero también están más cerca que nunca de la degradación inducida por el relativismo ético.
Estadísticas serias[1] aseguran que la aplastante mayoría de los muchachos tienen sexo antes de los veinte años de edad, que los chicos con una vida sexual activa dicen haber comenzado a tenerla en promedio a los catorce años, los varones, y a los quince años, las mujeres; más de la mitad tuvo su primera experiencia sexual en la casa de él o de ella. De cada

1. Josh McDowell y Dick Day, *¿Por qué esperar? Lo que usted necesita saber sobre la crisis sexual del adolescente*, Unilit.

Efrén marcó con un círculo el lunes de la siguiente semana y miró a su esposa para consultarle con la vista. Ella asintió.

—Sería bueno impartirlo en todos los grupos —añadió Dhamar—. Pero nos gustaría comenzar con el segundo año de medicina, donde estudia nuestra hija Cynthia y las chicas involucradas en el problema con el motociclista.

La directora les tendió la mano, cerrando el trato.

—De acuerdo, en ese grupo también estudia mi hijo Lucio —los miró de frente—. Gracias.

Introducción al curso

1. ADVERTENCIA

01. Somos lo que creemos. Valemos lo que tenemos en la mente y en el alma. Alcanzamos lo que soñamos con toda intensidad.

02. Los participantes de este curso deben estar dispuestos a contestar preguntas de opinión, interactuar con sus compañeros, redactar por escrito conclusiones, emprender trabajos de investigación y poner en tela de juicio todas las ideas sobre sexualidad.

03. Detener nuestra actividad sexual significa estar dispuestos a pagar el precio de una reflexión profunda antes de proseguir el camino.

04. Quien tome el curso con una postura arrogante perderá su tiempo y perjudicará a sus compañeros.

05. Todos creemos saber mucho sobre sexualidad. Es uno de los temas más polémicos. Cada persona defiende su verdad, pero éste no es un curso de verdades, sino de reflexiones, en el que los participantes podrán hallar ideas para aplicar en su beneficio.

06. Un joven educado en este tema difícilmente fracasará en la elección de su pareja. Todos podemos triunfar en el amor.

2. ORDEN

01. La educación sexual tiene dos facetas:

   • BIOLÓGICA, en la que se enseña anatomía, fisiología, funcionamiento de los aparatos reproductores, anticoncepción, gestación...

   • CONDUCTUAL, en la que se descubren hábitos, actitudes y prácticas sexuales con base en modelos de comportamiento aprendidos.

02. Este curso abarca de forma directa la faceta conductual y, de forma indirecta (mediante trabajos de investigación), la biológica.

03. En cada tema se plantean preguntas de conocimientos y opinión personal. El asesor puede realizar diferentes dinámicas para contestarlas. Al concluir cada sesión, los participantes entregarán las respuestas en una hoja con su nombre. Esta hoja será el registro de asistencia y tiene el valor de 1 punto.

04. En cada tema se especifica una tarea de investigación o un trabajo para realizar individualmente. La tarea debe entregarse o exponerse al iniciar el siguiente tema y valdrá 1 punto.

05. En total, el curso tiene doce sesiones y un valor de veinticuatro puntos.

06. Cada estudiante debe tener una copia completa del material.

07. El curso es apto para muchachos de bachillerato y jóvenes universitarios. La diferencia estribará en que los trabajos de investigación y las respuestas de los cuestionarios serán acordes a la preparación académica de los participantes.

3. DIAGRAMA DEL CURSO

01. El objeto de educar en la sexualidad es dignificar al hombre y a la mujer. El objetivo final del curso es, pues, vivir la completa **DIGNIDAD** (Tema 12). Normalmente todo se inicia con el **NOVIAZGO** (Tema 1), que lleva a los jóvenes a **CARICIAS ÍNTIMAS** (Tema 2), las que pueden conducir al **MATRIMONIO** (Tema 11). Cuando el noviazgo o las caricias se manejan mal, terminan en **DECEPCIÓN** (Tema 5); a veces, después de problemas de **CONFUSIÓN SEXUAL** (Tema 3), que podrían conducir a **EMBARAZOS NO DESEADOS** (Tema 4). Si la decepción amorosa se trata adecuadamente, el joven podrá subir niveles de **ESPERA EDIFICANTE** (Tema 10), donde podrá iniciar nuevos noviazgos constructivos. Si, por el contrario, el tratamiento de la decepción amorosa es deficiente, el joven puede caer en la soledad nociva (a la que también podría descender desde la confusión sexual). Aquí puede desembocar en la **MASTURBACIÓN** (Tema 6), el **LIBERTINAJE SEXUAL** (Tema 7), la **PROMISCUIDAD VENÉREA** (Tema 8) e incluso la **HOMOSEXUALIDAD** (Tema 9). De la soledad nociva podrá subir nuevamente a los niveles de confusión y decepción o caer en la degradación.

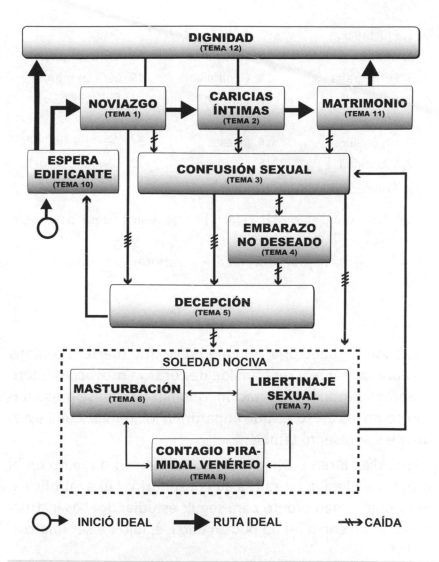

DIGNIDAD
(TEMA 12)

NOVIAZGO
(TEMA 1)

CARICIAS ÍNTIMAS
(TEMA 2)

MATRIMONIO
(TEMA 11)

ESPERA EDIFICANTE
(TEMA 10)

CONFUSIÓN SEXUAL
(TEMA 3)

EMBARAZO NO DESEADO
(TEMA 4)

DECEPCIÓN
(TEMA 5)

SOLEDAD NOCIVA

MASTURBACIÓN
(TEMA 6)

LIBERTINAJE SEXUAL
(TEMA 7)

CONTAGIO PIRA-MIDAL VENÉREO
(TEMA 8)

○→ INICIÓ IDEAL   ➡ RUTA IDEAL   ⇢ CAÍDA

---

4. PRUEBA DE RECONOCIMIENTO

01. Antes de comenzar, es necesario exponer nuestras ideas sobre algunos de los temas de mayor relevancia que se estudiarán en el curso.

a) Anota en una hoja tus conocimientos sobre cada uno de los siguientes temas. Menciona cómo los ve la sociedad y cómo debería verlos:

1. Prostitución	9. Masturbación	17. Celos
2. Aborto	10. Sexualidad	18. Maltrato sexual
3. Pornografía	11. Genitalidad	19. Caricias íntimas entre novios
4. Adulterio	12. Condón	
5. Matrimonio	13. Violación	20. Sida
6. Unión libre	14. Incesto	21. Virus del papiloma
7. Virginidad	15. Noviazgo	22. Dignidad sexual
8. Homosexualidad	16. Machismo	

b) ¿Qué piensas de las relaciones sexuales fuera del matrimonio?

⇨ Entrega la hoja al coordinador sin anotar tu nombre en ella.

❑

La sesión introductoria, aunque breve, fue fuerte. El énfasis en abrir la mente y ser humilde de corazón provocó primero tirantez y después expectación. Dhamar y Efrén se presentaron como los asesores que impartirían los temas. Cada estudiante se presentó también.

Esos días Efrén y Dhamar se concentraron de lleno en el proyecto. Ella iba un rato a su consultorio y él a su oficina, pero regresaban pronto para seguir estudiando. Los instructores de un curso así no podían darse el lujo de ser improvisados.

En la víspera del primer tema, Efrén se encontró con una gran sorpresa. Dos enamorados se besaban en la acera justo frente a su casa. El corazón le dio un vuelco al reconocerlos.

El hombre estaba peinado prolijamente con goma para el cabello y vestía un uniforme de piloto aviador. Ella lucía un vestido rojo muy ceñido.

Se separaron de su acaramelado abrazo al darse cuenta de que obstruían el paso.

—Buenas tardes, señor.

—Mmmh —respondió Efrén a manera de saludo.

Cynthia se ruborizó.

—Hola, papá...

—¿Ya son novios de nuevo?

—Sí —dijo Ricardo audazmente—. Las riñas siempre sirven para unirse más después, ¿no le parece?

Efrén no contestó. Se limitó a caminar. Entró a la casa y pasó junto a Dhamar emitiendo un *hola* gutural.

Se encerró en el estudio. Tomó el material del curso y miró el tema inicial, "NOVIAZGO".

TEMA 1
Noviazgo

1. DIAGRAMA DEL TEMA

01. El noviazgo bien llevado puede ser digno para el hombre y para la mujer. Suele avanzar en forma natural a un proceso de caricias íntimas. Cuando "enferma", puede caer en confusión sexual o decepciones amorosas más o menos profundas.

2. SER JOVEN

01. Cuando comienza a construirse un edificio, los recursos económicos desaparecen (literalmente) bajo tierra. Los inversionistas reclaman desesperados: "Hemos gastado mucho dinero, ¿dónde está?". El arquitecto suele explicar: "Construir los cimientos del edificio es lo más tardado y con frecuencia lo más costoso, pero es lo más importante".

02. Un edificio sin el soporte de buenos cimientos está condenado a fracturarse. Un árbol sin raíces sanas está destinado a secarse. Una persona sin el antecedente de una buena juventud está destinado a sufrir y, en muchas ocasiones, a fracasar.

03. La juventud es la época de construir cimientos. Se invierte

29

tiempo y esfuerzo que aparentemente no dan frutos. Los recursos desaparecen. Se gastan millones. Resulta desesperante, pero la inversión es necesaria para poder construir, sobre esos cimientos, una torre monumental.

04. El joven que desperdicia su tiempo no podrá construir ni la casa más modesta.

05. Las semillas sembradas en la juventud germinarán en la madurez. Las de cardos, dan espinos; las de árboles frutales generan buenos frutos.

3. DEFINICIÓN

01. El **noviazgo** es un compromiso moral de trato afectivo, fidelidad, ayuda y respeto recíproco concertado entre dos excelentes amigos de sexos opuestos.

02. El noviazgo es una promesa temporal que, de mutuo acuerdo, puede romperse en cualquier momento.

4. ¿ES NECESARIO?

01. Los jóvenes experimentan reacciones a los estímulos del medio que antes no conocían.

02. Al mismo tiempo, descubren la existencia de ideas, anhelos y sentimientos exclusivos para compartir con una pareja del sexo opuesto.

03. Ni los padres, ni los hermanos, ni los amigos más allegados, pueden participar de esos sentimientos.

04. Los jóvenes necesitan el noviazgo.

5. LÓGICA CONCLUYENTE

01. Primera premisa: La juventud es época de construir cimientos.

02. Segunda premisa: El noviazgo es necesario en la juventud.

03. Conclusión: El noviazgo debe ayudar a construir los cimientos.

04. Es un silogismo, simple lógica: Si en la juventud no se construyen cimientos, la juventud no funciona. Si el noviazgo no sirve para construir, el noviazgo no funciona.

6. AMISTAD PREVIA

01. La definición del noviazgo puntualiza que es un compromiso moral de trato afectivo adquirido entre dos excelentes amigos de diferente sexo.

02. Dice un viejo proverbio oriental: "Cásate con la persona que si fuera de tu mismo sexo, sería tu mejor amigo".

03. Los cónyuges son amigos, los mejores amigos. En caso contrario, su matrimonio fracasa.

04. Los novios también deberían ser excelentes amigos.

7. UNA BÚSQUEDA COMPLEJA

01. Hay muchos amigos de sexos opuestos, incompatibles para ser novios, pues no "les nace" mantener trato afectivo.

02. Todos buscan a la pareja adecuada. Con frecuencia se equivocan, se decepcionan y comienzan de nuevo.

03. El riesgo de caer continuamente es endurecerse, perder sensibilidad y, tarde o temprano, llegar a la soledad nociva.

8. CAÍDAS A LA LONA

01. En cierto programa de televisión, una atractiva chica de bachillerato comentaba: "Tengo mala suerte, mis noviazgos no duran más de un mes; este año llevo diez". El joven que inicia y rompe relaciones afectivas cae, sin percatarse, en la soledad nociva.

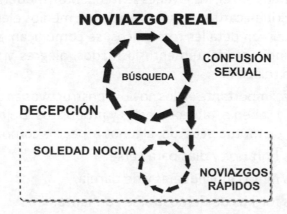

NOVIAZGO REAL

BÚSQUEDA — CONFUSIÓN SEXUAL — DECEPCIÓN — SOLEDAD NOCIVA — NOVIAZGOS RÁPIDOS

9. DOS ENFERMEDADES TÍPICAS

01. Una enfermedad del noviazgo se llama **idealización**. Algunos síntomas son: enloquecer de "amor" por alguien a quien ni siquiera conocemos bien; ver acercarse a una persona atractiva sintiendo cómo flaquean las piernas y palpita el corazón; imaginar que ese bello cascarón debe contener una esencia extraordinaria y empeñarse en ello sin ninguna evidencia real.

02. Cuando un amigo nos hace ver los defectos del ser idealizado, nos enfadamos y lo tildamos de mentiroso. Entonces el amigo se aleja murmurando que el amor es ciego. Pero el verdadero amor no es ciego. La idealización sí.

03. Enamorados de un cuerpo, solemos enfermar también de **premura pasional**: se despierta en nosotros un constante deseo de besar, abrazar, sentir la cercanía del otro. No concebimos una cita en la que sólo platiquemos o convivamos, pues la razón principal (o única) de estar al lado de ese cuerpo es encender las sensaciones del nuestro.

10. NOVIAZGOS CONSTRUCTIVOS

01. El **noviazgo constructivo** no se basa sólo en la atracción física; por lo tanto, no sufre la enfermedad de idealización ni de premura pasional.

02. El noviazgo constructivo se caracteriza por momentos muy intensos de crecimiento y ayuda recíproca, brindando, a la vez, suficiente tiempo y espacio libre para la individualidad de ambos. En él, los jóvenes se frecuentan moderadamente, se escriben cartas (no sólo recados en medios electrónicos), se reservan detalles románticos, se comunican en un nivel profundo, se sienten entusiasmados, alegres y motivados por la relación.

03. Lo más importante en los novios constructivos es que hablan claro y saben establecer reglas y propósitos. Dejan por sentado, de mutuo acuerdo, algunos aspectos como:

- Los horarios y días para verse.
- Las metas individuales y de pareja.
- Las formas de demostrarse confianza.

- Hasta dónde llegar en cuestión de caricias y sexo.

04. Ambos se disciplinan y se ayudan a mantener las reglas. Cuando uno falla, el otro está en pie, y viceversa.

05. Un noviazgo constructivo tiene reglas, contribuye al progreso individual, motiva a crecer y proporciona paz interior.

11. NOVIAZGOS DESTRUCTIVOS

01. Cuando alguien no desea estudiar, trabajar, hacer deporte o enfrentar retos importantes, usará su noviazgo como excusa para evadir responsabilidades.

02. Los **noviazgos destructivos** asfixian, acosan, restan movilidad, tiempo, libertad. Obstruyen y dificultan estudios, trabajo, deporte, relaciones familiares y amistades.

03. Un novio destructivo, por ejemplo, estará constantemente tratando de experimentar con su novia besos profundos y caricias sexuales, buscará sólo el lado físico de la relación, querrá usarla, la maltratará emocionalmente, practicará estrategias de manipulación, jamás reconocerá sus propios errores ni luchará por conquistarla cada día...

04. *Un noviazgo destructivo no tiene reglas, se interpone en el progreso individual, desmotiva, crea conflictos emocionales y quita la paz interior.*

CUESTIONARIO PARA REGISTRO (punto 1)

01. A tu juicio, ¿qué significa ser joven y cuál es el objetivo de la juventud?

02. ¿Cuál es el riesgo de terminar noviazgos continuamente?

03. Describe qué es para ti ser un buen amigo.

04. ¿Por qué se recomienda que los novios sean antes excelentes amigos?

05. Según tu criterio, explica la etiología, síntomas y tratamiento para las dos enfermedades del noviazgo.

06. Menciona cinco características de los noviazgos constructivos y cinco de los noviazgos destructivos.

❑

Terminada la sesión, Dhamar salió rápidamente pues necesitaba ir a su consultorio para atender a Laura, la chica diagnosticada con sida que pasaba por una etapa de depresión crítica. Efrén se quedó conversando un rato con los estudiantes. Cynthia se acercó a él, cuando la mayoría de sus compañeros se habían retirado:

—Tengo una hora libre, papá. ¿Podría charlar contigo a solas?

—Claro, hija.

Salieron por el pasillo central y llegaron al estacionamiento de la universidad.

—Papá... —comenzó—. Tú sabes que he vuelto con Ricardo.

—Sí. Él mismo me lo dijo.

—¿Qué piensas?

—Bueno. Si salen juntos, quizá acabarán teniendo relaciones sexuales otra vez. Han roto todas las barreras. Será difícil evitarlo.

Ella asintió muy despacio.

—Yo no quiero tener sexo con él otra vez. Trataré de establecer reglas para nuestro noviazgo...

—Dudo que acepte.

—Quiero darle una copia del material, para que lo analice. Es una persona preparada e inteligente, sé que lo va a comprender.

Efrén se encogió de hombros.

—Ojalá.

—¿Por qué estás tan negativo?

—Hija, ¡yo vi la pasión con que se besaban y abrazaban!

—¡Habíamos estado lejos mucho tiempo!

—¿Te das cuenta? Se separan unos días y regresan con más fuego para entregarse a caricias profundas.

—Papá, las caricias no son malas. El diagrama del curso lo dice —abrió su portafolios y le mostró una copia del esquema que traía a la mano; señaló las líneas con el dedo—: pueden ser dignas y están antes del matrimonio. Además, tú las practicaste con mamá. Lo describes en el libro —buscó entre sus cuadernos, extrajo la obra publicada y comenzó a hojearla hasta encontrar el texto—: "Parsimoniosa, temerosamente, llevé una mano a su rostro y sentí cómo se estremecía al contacto; jugueteé con su cabello y acerqué mi boca a la suya sin tocarla, a unos milímetros de distancia. Cerró los ojos quedándose muy quieta... nos miramos uno al otro, inmovilizados por un respeto ilógico. Ella no quería perder la virginidad así... allí... y yo no quería que eso ocurriera. Fueron suficientes las miradas para quedar de acuerdo. Actuamos bajo esos límites, alegres, e impresionados por la inaudita explosión de nuestro universo físico. Una nube blanca de inquietud nos envolvió, y todo fue falso y todo fue cierto y atrapados en esa cápsula pegajosa a cuyas paredes se adhería obstinadamente nuestra piel luchamos por respetar las ideas de continencia; pero éstas, atemorizadas, se retiraron agazapándose en un rincón de la sala, disminuidas por el tamaño de esa energía inexplicable. No era mi cerebro el que razonaba ni el de ella; era el cerebro ciclópeo de la naturaleza que enfurecida se alzaba sobre nosotros para reclamarnos lo que le pertenecía".

Cuando Cynthia terminó de leer, hubo un prolongado silencio.

—Me sorprende y... me agrada que hagas observaciones tan agudas —concedió Efrén—. Tienes razón. Las caricias íntimas pueden ser dignas, pero también pueden convertirse en una ruta cuesta abajo... Recuerda eso cuando salgas con Ricardo.

—Entonces, ¿estás de acuerdo en que siga saliendo con él?

—Lo harás de todos modos, pero atiende muy bien la siguiente sesión del curso. Trata el tema de las caricias entre novios.

—Te prometo que voy a analizar cada párrafo.

TEMA 2
Caricias íntimas

1. DIAGRAMA DEL TEMA

01. Las caricias casi siempre comienzan con el noviazgo, aunque en ocasiones se dan entre personas que no son novios. Durante un noviazgo constructivo, las caricias bien llevadas pueden ser dignas y conducir al matrimonio. En caso contrario siempre devienen en confusión sexual.

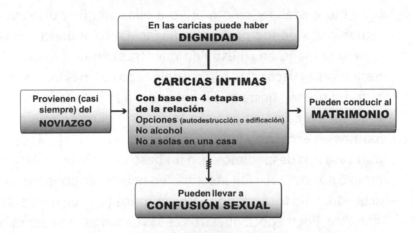

2. DEFINICIÓN

01. Se considera **caricia íntima** todo contacto físico que pueda despertar en mayor o menor medida excitación sexual. El rango es muy amplio.

02. Las caricias son el comienzo del amor erótico.

03. Lo que diferencia a los novios de los amigos son las caricias.

3. CARICIAS LIMITADAS

01. Muchos aseguran que acariciarse no es un medio para llegar al acto sexual, sino un fin en sí mismo. En realidad esto no es exacto, pues en los momentos de excitación es muy difícil detenerse y renunciar a seguir acariciándose.

02. Se requiere muchísimo temple y madurez de ambos para respetar el límite y mantenerse conformes sólo con las caricias que se han permitido.

4. UN SENDERO CUESTA ABAJO (lectura)

01. La siguiente historia está tomada de una carta real. Es fuerte pero su exposición resulta necesaria para visualizar la magnitud del problema al que se enfrentan los novios cuando se acarician:

Lucy me gustaba y creo que yo a ella, así que quise averiguar hasta dónde podíamos llegar. En la primera salida puse una mano en su espalda mientras caminábamos (1). Repetí varias veces el recurso y dejé cada vez más tiempo mi mano sobre ella hasta que logré andar a su lado rodeándole la cintura (2). En una ocasión le acaricié el brazo mientras íbamos en el coche y jugueteé a rozarle la piel (3). Al llegar a su casa nos despedimos con un beso en los labios. Así comenzó nuestra relación afectiva. Sin hablar, sin ponernos de acuerdo. Sólo tocándonos y besándonos (4). Fue muy apasionante. Poco a poco nuestros besos comenzaron a ser más profundos. Los labios ya no sólo se rozaban, ahora se doblaban por la presión y se lubricaban con nuestra saliva (5). Comenzamos a jugar con las lenguas introduciéndolas en la boca del otro. Tratábamos de tocar el paladar, los dientes o la garganta. El entretenimiento nos excitaba mucho. Aprendí que ciertos movimientos de las lenguas pueden ser una imitación del acto sexual (6). Una noche, mientras experimentábamos besos profundos, bajé mi mano hasta rozar ligeramente sus senos (7). Ella se separó, así que volví a intentarlo. Cuando logré tocarla de lleno, me detuve. Ella me rechazó. El juego de "yo pongo mi mano y ella la quita" se convirtió en habitual, pero al final gané (8). Dejó de defenderse y pude acariciar sus senos abiertamente (9).

A esas alturas Lucy solía tocarme también por encima del pantalón (10). No me conformé. Yo quería sentir la suavidad de su piel. Un día lo logré. Comenzamos a alternar las caricias de los senos con roces de piernas y glúteos por debajo de la ropa (11). Poco después, la sensación de frotarla no fue suficiente y tuve el impulso de besar su cuerpo. Para esta práctica ella necesitaba estar totalmente descubierta, así que buscamos lugares más oscuros y privados (12). Al platicar sobre lo que nos estaba ocurriendo llegábamos a la conclusión de que no había riesgos ni pasaría nada si nos deteníamos antes del acto sexual. Comenzamos a procurar habitaciones de hoteles en las que, con la consigna de no llegar al coito, nos desnudábamos; nos bañábamos juntos y acariciábamos nuestras partes íntimas hasta que yo llegaba al clímax (13). Pero el instinto es muy poderoso y la relación sexual completa ocurrió un día sin que pudiera intervenir nuestra voluntad (14). A partir de ese momento comenzamos a mantener relaciones sexuales en forma continua. Lucy se asesoró con unas amigas, para tomar anticonceptivos y al menos una vez por semana teníamos un encuentro. Éramos como un matrimonio sin compromiso.

Después de un año de relaciones sexuales, más de treinta encuentros, comencé a aburrirme. Se terminó entre nosotros la luna de miel. Ya no había pasión ni enigma. Nos conocíamos demasiado.

Cruzó por mi vida una nueva compañera en la universidad y salí con ella. Volví a experimentar la belleza de un beso apasionado y el reto de comenzar la conquista.

Dejé a Lucy. Me duele un poco porque nos habíamos encariñado mucho. Dicen que, en esto del sexo, la que más pierde es la mujer, aunque yo pienso que el gozo fue mutuo y que no tengo por qué sentirme culpable. Todos tenemos derecho a buscar nuestra felicidad.

01. ¿Por qué la relación de estos jóvenes no prosperó? ¿Por qué no les fue posible detenerse a tiempo?

02. ¿Será factible que las caricias sexuales puedan disfrutarse como un fin, sin convertirse en medio para llegar a la relación sexual?

03. En la narración anterior se mencionan catorce pasos. Si clasificaras las caricias en suaves, fuertes y profundas, ¿cómo repartirías los catorce pasos? (es necesario contestar esta pregunta para entender algunos de los conceptos siguientes).

5. CUATRO ETAPAS DE TODA RELACIÓN AMOROSA

01. Primera etapa: **Enamoramiento**. No hay caricias sexuales. Sólo existe química, magnetismo, atracción con la que inicia la mayoría de los romances. Es la etapa del cortejo y las declaraciones amorosas. El tiempo de duración de esta etapa puede ser desde unos días hasta varios meses.

02. Segunda etapa: **Conocimiento**. Es la esencia del noviazgo. La pareja se conoce mediante la asimilación de las virtudes y defectos de ambos. Hay caricias suaves. Es una etapa larga que puede prolongarse por varios años.

03. Tercera etapa: **Compromiso**. Existe promesa de unión y fidelidad. Es la etapa en la que se planea el matrimonio. Caricias fuertes. Suele durar sólo unos meses mientras se realizan los preparativos de boda.

04. Cuarta etapa: **Intimidad**. Se ha consumado y decidido la relación definitiva. Caricias profundas y entrega sexual completa.

6. SALTARSE LAS ETAPAS

01. Muchas parejas no siguen un orden, dejan fuera todo compromiso y abrevian hasta lo imposible los tiempos. En cuanto sienten enamoramiento, buscan las caricias íntimas. Es el caso típico de las películas y programas televisivos: las personas se besan y se acuestan de inmediato.

02. Una relación sin conocimiento (segunda etapa) ni compromiso (tercera etapa) está destinada a fracasar, además de dejar secuelas psicológicas.

03. Por el contrario, cuando una pareja tiene relaciones sexuales por legítima entrega amorosa, después de haber vivido plenamente las cuatro etapas, el sexo resulta una unión hermosa y constructiva.

7. CUANDO EL NOVIO NO PUEDE DETENERSE

01. Si el varón no ama a la chica, o carece de madurez, seguramente la empujará a continuar un contacto sexual que ella no desea.

02. Si la mujer intenta parar el juego de las caricias sexuales y el varón no quiere o no puede detenerse, se produce, con frecuencia, un acto sexual forzado.

8. ¿EL HOMBRE LLEGA HASTA DONDE LA MUJER LO PERMITE?

01. A la mujer se le impone la carga de resistir y después se le impugna cuando no lo logró, pero este paradigma convierte al hombre en un "animal instintivo" incapaz de pensar.

02. Delegar en la chica toda la responsabilidad del juego sexual y culparla por no haberlo detenido es un acto machista e indolente. Los verdaderos hombres saben respetar y ayudar a su pareja a mantener los límites.

9. CONVERTIR LA DESVENTAJA EN VENTAJA

01. Sería imposible corregir la conducta de todos los hombres; por lo tanto, la mujer inteligente debe convertir la "desventaja" de ser responsable de los límites en una "ventaja".

02. Pongamos el caso de una chica que desea ser tomada en serio por su novio. Como ella es responsable tácita de las caricias, puede manejarlas para autodestruirse o para dignificarse.

10. AUTODESTRUCCIÓN POR LAS CARICIAS

01. Con base en el amor (legítimo) que siente, la mujer apresura las caricias sexuales con la idea de que mientras más rápido lleguen a la intimidad, él la amará más.

02. Una regla básica en los negocios es que, si algo abunda, el precio baja. Algunos comerciantes esconden los productos para provocar escasez y de esta forma incrementar el precio.

03. El manejo poco inteligente del sexo consiste en sobreabundarlo.

04. Es un hecho innegable: el joven que tiene fácil acceso a caricias profundas y sabe que puede seguir degustando el cuerpo de su novia se echará para atrás ante un compromiso más serio.

11. EDIFICACIÓN POR LAS CARICIAS

01. La mujer inteligente no admite manoseos, pues vincula su respeto y dignidad a la forma como es tratada. Por otra parte, sí admite caricias, pero condiciona su avance a la etapa exacta de la relación.

02. Si el hombre no se compromete en el umbral de la siguiente etapa, la chica inteligente "pone tierra de por medio" y lo deja con el sabor de boca de cuánto perdió. Esto provoca que cualquier hombre esté dispuesto a hacer lo que sea por una mujer.

03. ¿Cómo habría sido la redacción del novio que abandonó a Lucy si ella hubiera sido más inteligente? Probablemente así:

Amo a Lucy. Es la mujer de mi vida.

Nuestras primeras caricias fueron dulces e inocentes.

Un día, mientras la besaba, posé la mano en su pecho y ella la retiró enérgicamente. Volví a intentarlo, pero Lucy interrumpió nuestro beso para decirme que no deseaba que la tocara así. Yo le aclaré que era sólo una manifestación de cariño y ella mencionó que la mejor forma de demostrarle afecto era respetándola. Me enfurecí de verdad. Pensé que era anticuada e inmadura. Me dispuse a dejarla, pero me atraía tanto que terminé regresando con la consigna secreta de convencerla algún día. Fue inútil. Sus ideas eran muy firmes. Después de varias discusiones fuertes, me resigné a mantener una relación "de convivencia" con ella. Nos besábamos y abrazábamos, pero las caricias leves eran sólo un complemento y no el centro de nuestra unión. Debo reconocer que crecimos mucho como personas. Ambos llegamos a la certeza de contar con un amigo incondicional.

Con el paso de los años, las primeras riñas se olvidaron. Nuestra confianza era mucho mayor y el avance en las caricias se dio de forma lenta y gradual. Un día nos sorprendimos experimentando sensaciones muy fuertes. Al poco tiempo me sugirió que formalizáramos nuestra relación, a lo que yo me negué.

Por desgracia las múltiples actividades de Lucy comenzaron a separarnos. Trabajaba y estudiaba. Cada vez tenía más deberes. Yo la extrañaba mucho. Nunca hubo otra oportunidad para repetir las caricias fuertes. Ella se alejó de mí. Me hizo ver que si no me decidía pronto quizá la perdería. Me consta que no le faltaban pretendientes. Así que hice acopio de valor y la pedí en matrimonio. Antes de casarnos hubo acercamientos profundos, pero nunca tuvimos relaciones sexuales. Cuando llegó la fecha yo estaba loco, enardecido de amor por ella... Creo que empezamos nuestro matrimonio con el pie derecho. A propósito, nuestra vida sexual ahora es extraordinaria...

12. LA VERDADERA PRUEBA DE AMOR

01. El amor real no tiene prisa, pues cuenta con fuertes bases en el conocimiento profundo de la otra persona (segunda etapa) y en la aceptación total de sus virtudes y defectos.

02. La mejor forma de comprobar si dos personas se aman de verdad es dejar a un lado los besos y caricias durante ciertos periodos.

03. El amor verdadero es espiritualmente satisfactorio para la pareja y puede sobrevivir a la abstinencia sexual.

13. ESTAR SOLOS EN UN INMUEBLE

01. Los casados conviven a solas en una casa, departamento o habitación (CASA-DOS) y ahí mantienen una vida sexual activa.

02. Cuando los novios están solos en un inmueble, el instinto los lleva a caricias íntimas que, por lo común, no pueden detener.

03. Una regla fundamental en el noviazgo ordenado debe ser jamás quedarse solos en una casa, departamento o habitación.

14. EL ALCOHOL Y LAS CARICIAS ÍNTIMAS

01. El alcohol desinhibe los instintos y ocasiona un aumento desmedido de caricias y relaciones sexuales.

02. Está comprobado: los novios que asisten a reuniones o lugares donde abunda el alcohol son varias veces más propensos a tener caricias eróticas profundas e incluso relaciones sexuales.

03. Miles de embarazos indeseados provienen de una noche de copas.

04. Miles de abusos sexuales se perpetran con el artilugio de emborrachar o drogar a la mujer.

05. Infinidad de novios acaban cediendo a sus frugales intenciones de mantener un límite en las caricias sexuales, desinhibidos por el alcohol. Cuando la mecha está impregnada de alguna droga, siempre resulta muy corta para apagarla a tiempo.

06. Ninguna consideración de juicio sirve cuando la persona está ebria. Ante los efectos del alcohol, no hay límites que valgan.

CUESTIONARIO PARA REGISTRO (punto 3)

01. ¿Cuáles y cómo son las cuatro etapas de una relación?

02. Analiza los noviazgos que has tenido; haz una reseña de ellos identificando las etapas a las que has llegado.

03. ¿Qué ocurre cuando la pareja se salta las etapas?

04. ¿Podría un joven llegar a violar a su novia? ¿Cuándo? ¿Cómo se puede evitar?

05. ¿Cuál debería ser la conducta correcta de los varones respecto al refrán que dice: "El hombre llega hasta donde la mujer lo permite"?

06. ¿Cómo puede convertir una mujer la desventaja de ser responsable de los avances sexuales en ventaja?

07. ¿Cuál es la verdadera prueba de amor?

08. ¿Por qué se dice que los novios no deberían quedarse solos en un inmueble o tomar alcohol?

09. Elige los tres párrafos que consideres más importantes de esta sesión. Escríbelos en tu carpeta de párrafos importantes.

TAREA (punto 4)

01. Cita a tu novio(a) para platicar con toda claridad sobre los ajustes que deben emprenderse en su relación. Básate en tus conclusiones de los dos primeros temas del curso. Escribe una reseña de qué fue lo que ocurrió en esa entrevista. Si no tienes novio(a), escribe diez reglas sobre cómo llevarías la relación de noviazgo.

02. Trabajo de investigación: ¿En qué consisten los ciclos hormonales de la mujer y del hombre? ¿Cuál es el mecanismo de la menstruación? ¿Cuál es el de la eyaculación? Explica las funciones de cada una de las partes de los sistemas reproductores.

❑

Efrén y Dhamar expusieron el tema con gran entusiasmo. Cuando abrieron la sesión de opiniones, varios jóvenes levantaron la mano. Hubo argumentos en contra y a favor. Muchos hombres estaban enojados con la idea de poner alto a las caricias.

—Cuando a un alcohólico se le pide que deje de beber —comentó una joven llamada Ana—, suele portarse agresivo. ¡Eso está ocurriendo con algunos de ustedes!

Ana recibió silbidos y abucheos. Esto hizo aún más acalorado el debate. Dhamar y Efrén se miraron en medio de la inesperada polémica. Perdían el control.

—¡Un momento! —dijo Dhamar—. Hagamos un ejercicio para ponernos de acuerdo —los jóvenes fueron callando gradualmente—. Vamos a releer, punto por punto, el material y a señalar cada una de las frases subjetivas que encontremos. Los párrafos objetivos serán, por orden lógico, incuestionables. Los párrafos subjetivos estarán sujetos a opinión, ¿les parece?

Los muchachos concedieron. Dhamar leyó de nuevo los artículos con puntos y comas. Cuando un joven levantaba la mano para argumentar falta de objetividad, otro le demostraba que estaba en un error. El ejercicio comprobó que los párrafos eran imparciales. Podían aceptarse o rechazarse pero no polemizarse. Mentalmente Efrén dio las gracias a su padre por los escritos y felicitó a Dhamar por su inteligencia.

El tiempo de la clase se había agotado y Efrén pidió a los jóvenes que contestaran las preguntas del registro. Hubo una expresión general de desánimo, pero casi de inmediato comenzaron a trabajar.

Efrén caminó por las filas y se acercó a Cynthia. Quiso asomarse a su cuaderno para ver las respuestas; todo lo que leyó fue una palabra dibujada diagonalmente con letras elegantes: *¡Gracias!*

Por desgracia, el gusto no le duró mucho tiempo.

Esa noche Cynthia salió con Ricardo.

Dhamar y él estaban en la cocina cuando su hija regresó.

Irrumpió en la casa bañada en lágrimas con los brazos cruzados y ligeramente agachada hacia delante. Pasó corriendo. Los padres se levantaron y fueron tras ella.

—¿Qué te pasa, Cynthia?

La joven se paró en el corredor y se recargó en la pared, llorando.

Efrén se acercó, puso sus manos sobre ella y la obligó cariñosamente a descruzar los brazos. Su ropa, estaba rasgada al frente como si alguien le hubiese dado un fuerte tirón.

—¿Quién te rompió el vestido? —preguntó Dhamar.

Cynthia se negó a responder.

Efrén salió a la calle con grandes zancadas esperando encontrar al sujeto vestido de piloto. La calle estaba desierta, excepto por un taxi que se hallaba estacionado en la esquina levantando pasajeros.

Dhamar había llevado a Cynthia hasta el sillón de la sala.

Efrén regresó, resoplando.

—¿Qué sucedió?

Ella se limpió la cara y levantó la vista asustada.

—Ricardo me invitó a cenar —comenzó—. Le comenté que estaba tomando un curso de conducta sexual y que necesitaba hacer mi tarea con él. Me malinterpretó... Me llevó a su casa. No había nadie.

—Infringiste la primera norma.

—Estaba segura de poder manejar las cosas. Dijo que iba a prepararme la cena. Se portó de forma muy graciosa. Me hizo reír mientras servía la comida. Traté de hablarle del curso. Saqué una copia del material para dárselo, pero lo empujó a un lado sin dejar de jugar. Me besó. Fue algo muy contradictorio. No podía comunicarme con él, pero, cuando me abrazaba, ¡me relajaba! ¡Deseaba que siguiera abrazándome! Cada vez que él tenía de nuevo el control, intentaba acariciarme y yo reaccionaba con un respingo y deteniéndolo. Recordé mucho el ejemplo de Lucy. Insistí en que debíamos hablar, ¡pero no resultó!

La chica mostraba un gran pesar. Lo que de verdad le dolía no era el hecho de que su novio, seguramente en un forcejeo posterior, le hubiese roto el vestido, sino la desilusión que le causaba, con su conducta cáustica, alguien a quien ella quería tanto.

—Cuando expusiste el artículo del novio que no puede detenerse —comentó—, me pareció exagerado... Tampoco estuve de acuerdo con el concepto de "jamás quedarse solos en una casa", me pareció antediluviano. Hoy comprobé que son ciertos... Pero, ¿por qué? No lo entiendo. ¿Por qué los hombres persiguen siempre el sexo? ¿Por qué se acuestan con quien se deja? Todas mis compañeras coinciden en que el noviazgo es una lucha continua para detener al hombre. Ante tanta insistencia, las mujeres perdemos gradualmente cualquier postura. En mi salón sólo hay una chica que no ha tenido relaciones sexuales: Ana. Todas las demás hemos accedido. Por eso se armó el debate de hoy.

—Cynthia —intervino Efrén—, no debes volver a ver a Ricardo.

—No te preocupes. De hecho ni siquiera quise subirme a su auto de nuevo. Me regresé en un taxi.

Efrén acarició el cabello de su pequeña y ella lo miró con gesto de desamparo. Después él se dio la vuelta y fue directo al estudio para estudiar el tema de "Confusión sexual".

TEMA 3
Confusión sexual

01. Primera parte de la sesión: Área biológica: Exposición breve, por los alumnos, del trabajo de investigación sobre los sistemas reproductores y los ciclos hormonales. Entrega de trabajos.

02. Segunda parte de la sesión: Área conductual. Estudio de los siguientes artículos.

1. DIAGRAMA DEL TEMA

01. Cuando se ha vivido acoso, discriminación, abuso, desorden en el noviazgo o en las caricias íntimas, las personas suelen caer en confusión sexual. Este punto sólo tiene tres salidas: embarazo no deseado, decepción amorosa o soledad nociva.

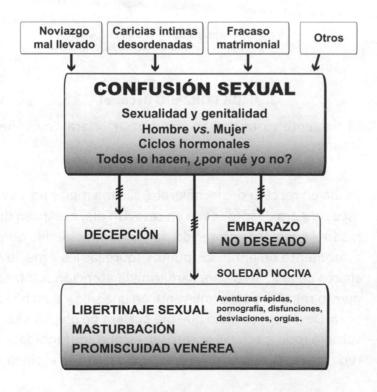

49

2. DEFINICIÓN

01. La **confusión sexual** es una etapa en la que se pierde la ecuanimidad. El individuo se llena de ideas contradictorias, es incapaz de discernir lo conveniente de lo inconveniente, confunde *sexualidad* con *genitalidad*, se paraliza indeciso, pero a la vez se alista para participar en juegos de seducción.

02. Aunque esta etapa transitoria siempre acaba en algo desagradable, el tema pretende orientar a la persona para ayudarla a no llegar a embarazo no deseado o soledad nociva y a salir de la etapa a través de la decepción.

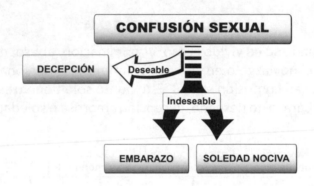

3. AMOR FORZADO (lectura)

01. La siguiente carta real es una muestra clara de confusión sexual:

Yo iba en tercero de bachillerato, sacaba malas notas en la escuela y era desordenada en casa. Un día, el esposo de mi madre se mostró enfurecido por mi conducta, dijo que era el momento de poner los puntos sobre las íes y me llevó al cuarto de la azotea para llamarme la atención a solas. Comenzó regañándome, me senté en una silla y agaché la cabeza. Después me pidió que me pusiera de pie, no sé cómo sucedió todo, pero me abrazó; yo estaba confundida por su reciente reprimenda, mi autoestima estaba en el suelo, creí que intentaba consolarme, pero empezó a quitarme la ropa y a tocarme, preguntó qué sentía, no dije nada, me pidió que lo besara. Había algo agradable, y repulsivo a la vez, en sus caricias. De pronto me tocó en la parte más íntima de mi cuerpo. Me asusté. No sé cómo logré salir, pero llegué al departamento bañada en lágrimas. Le conté a mi madre lo que había ocurrido. No sé lo que ella le dijo o cuál fue la versión de él, sólo dejaron de hablarse por un tiempo y después siguieron haciendo su vida normal.

El sexo siempre me causó gran curiosidad, pero al recordar a mi padrastro me pregunto una y otra vez por qué es algo que se usa para lastimar y por qué es algo tan sucio para algunas personas.

Le platiqué a mi novio lo que me había ocurrido y me consoló.

Dijo que estaba muy agradecido por la confianza que le tenía. A los pocos días quisimos tener relaciones sexuales, pero no pude cooperar. Volvimos a intentarlo otras veces y siempre me lastimaba, hasta que se desesperó, asegurando que no éramos compatibles. Me dejó y lloré mucho. Eso pasó hace dos años. Ahora salgo con otro muchacho. Necesitaba saber si soy normal, así que cuando me pidió acostarme con él acepté, puse todo de mi parte y al fin pude tener sexo completamente. Él disfrutó mucho. Yo no. Cada semana quiere que nos acostemos. Me agrada excitarme, pero al final resulta frustrante pues no logro sentir nada extraordinario. He pensado terminar con él e intentar alguna nueva relación para ver si con otro muchacho las cosas salen mejor. He descubierto que todos los hombres estarán disponibles para acostarse conmigo cuando yo lo quiera. Antes soñaba con llegar virgen al matrimonio, ahora eso me parece bobo. Quiero probar otros brazos pues tengo miedo de que yo sea el problema. Por favor, aconséjeme.

4. SEXUALIDAD Y GENITALIDAD

01. El cuerpo de los seres humanos es un cuerpo animal. Sin embargo, las personas no somos simplemente animales, gracias al espíritu que habita en el cuerpo. Así, decimos que el cuerpo es templo del espíritu.

02. La **sexualidad** es una conjunción de cuerpo y alma en la que dos seres humanos involucran donación, dignidad y compromiso.

03. La **genitalidad** es el uso exclusivo de los órganos reproductores y las zonas erógenas del cuerpo para obtener placer erótico.

04. Las personas en etapas de confusión sexual son incapaces de hacer pleno uso de su sexualidad porque están enredadas en dudas y problemas sobre su genitalidad.

5. RECORDANDO LO OBVIO: CICLOS HORMONALES

01. A partir de la pubertad, todas las mujeres comienzan a tener periódicamente una menstruación. Ésta, lejos de producirles un goce físico, les ocasiona molestias y alteraciones de ánimo.

02. Como contraparte, los varones, después de la niñez, también viven un ciclo hormonal en el que desechan el semen que su cuerpo ha producido en exceso, algunas veces en los llamados "sueños húmedos" y otras mediante la masturbación.

03. La eyaculación del varón no se produce cada veintiocho días como la menstruación de la mujer. Dependiendo del muchacho, puede suceder cada semana, cada tercer día o aun con mayor frecuencia.

6. INCOMODIDAD EN LA MUJER, PLACER EN EL HOMBRE

01. Una diferencia entre la eyaculación y la menstruación estriba en que la primera siempre *produce un gran placer genital*.

02. Para la mujer cada menstruación es una incomodidad; para el hombre cada eyaculación es un orgasmo, un clímax físico, una experiencia grata de su genitalidad.

03. La muchacha soltera, aunque puede excitarse sexualmente ante determinados estímulos, por lo regular *ni idea tiene de lo que es un orgasmo masculino*, ni remotamente se imagina la magnitud del goce corporal que ha sentido, desde la adolescencia, su hermano, novio o compañero. Para saberlo necesitaría ser hombre.

04. Un hombre puede sentir el mismo placer genital con una jovencita, con una mujer madura, con una amiga, con una desconocida o autoestimulándose; la única diferencia entre uno y otro evento estribará en que algunos le producirán mayor excitación, pero en el momento de llegar al clímax se convulsionará igualmente en *todos* los casos.

05. Las chicas deben saber que los varones buscarán repetir sus placenteras experiencias físicas y que, para ello, algunos serán capaces de *pagar, forzar o fingir amor*.

7. LOS HOMBRES Y EL SEXO PREMATRIMONIAL

01. En el ambiente juvenil abundan los habladores; presumen de grandes experiencias, muchas de ellas inventadas. Lo cierto es que, entre hombres, se incitan unos a otros para obtener conquistas sexuales. El que no compite se siente relegado.

02. Un varón soltero suele buscar la relación íntima por las siguientes razones, en orden de importancia:

- **Deseo puramente sexual.**
- **Anhelo de conquistar y tener experiencia.**
- **Competencia y rivalidad con sus amigos.**
- *Enamoramiento*.

8. LAS MUJERES Y EL SEXO PREMATRIMONIAL

01. Las mujeres participan activamente de la sexualidad prematrimonial. En la etapa de confusión, también presumen entre ellas de grandes experiencias e igualmente fingen amor.

02. Sin embargo, buscan la relación íntima por las siguientes razones en orden de importancia:

- **Enamoramiento**: cariño sincero, deseo de amar y ser amadas.
- **Presión psicológica**: no quieren ser tachadas de anticuadas o pueriles.
- **Vanidad**: sentirse admiradas, conquistadas.
- *Deseo puramente sexual.*

9. LEY 80-20 DE LAS RELACIONES ENTRE HOMBRE Y MUJER

01. Cuando un hombre y una mujer se encuentran, deseo y romanticismo se entremezclan arrojando una amalgama especial.

02. El varón reacciona ochenta por ciento con deseo sexual y veinte por ciento con romanticismo.

03. La mujer reacciona ochenta por ciento con romanticismo y veinte por ciento con deseo sexual.

04. Con su veinte por ciento de romanticismo, el hombre puede ser muy caballeroso; la mujer, con su veinte por ciento de erotismo, puede ser muy sensual, pero eso no les quita a ninguno su parte dominante.

05. El varón cree que la chica puede sentir la misma libido y se apresura a intentar despertar en ella pasiones similares a las que él siente. La mujer cree que el hombre vibra en su misma frecuencia de romanticismo y de inmediato lo llena de detalles tiernos y sentimentales.

06. No conocer la parte dominante de la otra persona ocasiona frustración mutua y decepciones.

10. CONFIAR EN LOS HOMBRES

01. ¿Se puede confiar en una persona ochenta por ciento sexual? La respuesta es SÍ... pero no siempre.

02. Todos los hombres saben lo que es sentir atracción ardiente e irracional hacia un "cuerpo" femenino bello. Aprenden a dominar sus impulsos eróticos y a subordinarlos a la razón, al respeto y al amor. Sin embargo, ese aprendizaje no es automático ni inmediato.

03. Existe una regla sobre la confiabilidad masculina: cuanto más inmaduro y débil de carácter es el hombre, más mujeriego y promiscuo suele ser. Cuanto más dominio de sí tiene y más sólido es su carácter, más confiable, fiel y honesto sexualmente es.

04. La confiabilidad NO está relacionada ni con la preparación ni con el nivel socioeconómico. Existen profesionistas titulados, hombres ricos y gerentes de corporaciones capaces de seducir a una empleada, violar o cometer incesto. Igualmente, hay personas pobres o ignorantes espiritualmente maduras y, por ende, sexualmente nobles.

11. MUCHACHAS PROVOCATIVAS

01. Con vestidos escotados, ropas sensuales y actitudes provocativas, las chicas logran captar la atención de los hombres.

02. A las mujeres les agrada ser admiradas y les fascina la idea de verse sensuales, pero una chica insinuante nunca podrá saber si el hombre al que está provocando posee la madurez moral y espiritual, la fuerza de carácter y el autodominio necesarios para respetarla y tratarla como a una dama.

03. De cada diez mujeres, al menos tres han sufrido durante su vida abuso sexual de algún tipo.

04. Jugar a la chica despampanante, provocando la lascivia de los hombres, es como salir de cacería con una escopeta descompuesta. En cualquier momento puede "salir el tiro por la culata".

05. Exhibirse besándose y acariciándose con un muchacho es otra forma de provocar. Los hombres que ven la escena suelen pensar: "Si a eso se atreve a la vista de los demás, qué hará con su ardoroso galán en la intimidad; en cuanto pueda, buscaré mi turno con ella".

12. PLACER FEMENINO

01. Las mujeres están biológicamente capacitadas para mantener experiencias multiorgásmicas en la misma sesión, así como para una mayor resistencia en el ejercicio sexual. Sin embargo, su placer orgásmico está condicionado a cumplir previamente con la mayoría de los siguientes requisitos:

• **PAZ MENTAL**. No distraerse con pensamientos de preocupación, recuerdos negativos o dudas; estar convencida de que no corre peligro, que no está siendo obligada y que nadie se lo reprochará.

• **SEGURIDAD EMOCIONAL**. Sentir que no está siendo usada, que es amada, comprendida, valorada.

• **COMPAÑERO AMOROSO**. Tener a su lado a un hombre agradable y considerado que la conduzca poco a poco, sin prisas ni brusquedades, que sepa estimularla con delicadeza e interés real.

• **ENTREGA TOTAL**. Concentrarse en las sensaciones de su cuerpo y dejarse llevar por ellas sin inhibiciones.

13. RELACIÓN SEXUAL NO SATISFACTORIA

01. Ahora es fácil comprender por qué, en una violación, la mujer no podrá sentir el menor placer sexual y el hombre, sí.

02. Muchas mujeres, aun casadas, manteniendo una vida sexual activa, tardan a veces semanas, meses y algunas incluso años antes de ver cumplidos los requisitos anteriores.

03. No es de extrañar que la aplastante mayoría de las relaciones sexuales prematrimoniales le resulten insatisfactorias a la chica y le provoquen la sensación de haber sido usada.

14. DECIR *TE AMO*

01. Los hombres aprenden tarde o temprano que las mujeres son preponderantemente románticas y que poseen una enorme necesidad de amor.

02. *Mi amor, te amo* es la frase mágica que abre las puertas del erotismo femenino. Se usa mucho para el juego de intercambio. Ellas se sienten amadas, ellos obtienen placer.

15. SALIENDO DE LA CONFUSIÓN

01. En medio de la confusión, la persona se pregunta por qué hay quien envilece la sexualidad manejándola de forma tan genital; aunque rechaza la idea, paradójicamente se siente atraída por el juego. Finge amor o se deja engañar por quien lo hace.

02. La confusión suele terminar en embarazos no deseados, masturbación obsesiva, aventuras rápidas, pornografía, disfunciones y enfermedades venéreas.

03. La salida menos dolorosa es la decepción. Lo mejor es pensar:

• Las cosas no eran como yo creía.

• Hay mucha gente deshonesta en el aspecto sexual.

• Aquel que me prometió amor estaba fingiendo.

• Quien intentó abusar no ejercía su sexualidad sino actuaba dominado por instintos animales.

• Ese que manipula a otro a cambio de dinero o placer genital ha caído en una degradación a la que me está invitando.

• En el tema del amor y la sexualidad se miente más que en ningún otro. Estoy profundamente decepcionado(a).

CUESTIONARIO PARA REGISTRO (punto 5)

01. Según tu experiencia, ¿cómo presionan las amistades a un hombre o a una mujer para tener sexo?

02. Menciona los requisitos para que una mujer sienta un orgasmo.

03. ¿Cuáles crees que serían los requisitos para que un hombre experimente un orgasmo?

04. ¿Cómo influye la madurez mental en el trato sexual?

05. ¿Por qué a veces las personas fingen amor?

06. ¿Qué ventajas y desventajas tiene para una mujer usar ropa y actitudes provocativas?

07. ¿Cuál es la mejor forma de salir de la confusión sexual?

❏

Dhamar organizaba una dinámica por equipos para contestar las preguntas del cuestionario cuando dos muchachos de cuerpo atlético se pusieron de pie y enfrentaron a Efrén agresivamente.

—No hay consultas personales hasta después de la sesión—comentó en forma casual.

Uno de ellos, alto y fornido, lo miraba con evidente enfado. El más bajo temblaba.

—Eres un imbécil —escupió el que temblaba.

—¿Perdón?

—¡Como lo oyes! —exclamó el alto—. Te crees muy listo viniendo a asustar a nuestras compañeras.

El más bajo tomó a Efrén fuertemente del brazo.

—Vamos afuera para platicar mejor.

Algunos muchachos del grupo se percataron de la agresión de sus dos compañeros. Dhamar, no.

Efrén se quitó la mano del ofensor y caminó hacia la puerta.

Salió del aula.

—Vamos.

—¿Adónde? —preguntó uno de los jóvenes al verlo caminar por el pasillo.

—A la rectoría para que me expliquen sus inquietudes.

Se detuvieron.

—Te crees muy chistoso, ¿verdad?

—¿Acaso pretenden que nos liemos a golpes en la calle? Amigos, ustedes son estudiantes universitarios. Compórtense a la altura. Discutamos en la oficina qué los ofendió tanto.

—¡Ya vámonos! —urgió el alto, que parecía menos furioso.

—A ver —Efrén se acercó a ellos—, ¿por qué están enojados?

—¡Asustaste a nuestras amigas! Los hombres no vemos el sexo de forma tan sucia. ¡Acaban de secuestrar a una compañera del salón y estás diciéndoles a todas las demás que esas cosas suceden porque los hombres somos "hormonales"! Generalizaste... No todos somos así...

Tal vez tenían razón. En ese instante salieron del aula dos chicas con paso rápido. Se detuvieron al ver a sus compañeros en el pasillo. Efrén se sorprendió por la elocuencia y claridad de su lenguaje no verbal. Estaban furiosas con los dos jóvenes. Pasaron de largo.

—Conque asusté a sus amigas... —Efrén subió el tono de voz—. Ahora entiendo de qué forma. En ese salón tienen una novia a la que estaban fingiendo amor para obtener favores sexuales.

Se mostraron impávidos. Uno de ellos intentó protestar:

—¿Por qué supones...?

—Si tratan de engañarme haciéndose los ofendidos se equivocaron de persona. Con el curso se les arruinó la actuación. Seguramente las chicas descubrieron su estrategia y van a pensarlo dos veces antes de creerles de nuevo.

Los jóvenes permanecieron callados, como un par de ladrones sorprendidos en flagrancia.

—Nadie los obligó a tomar el curso —concluyó—. Es un reto que aceptaron. Ahora sólo les quedan dos caminos: hablar con las muchachas para pedirles una disculpa e iniciar una amistad más transparente o... desaparecer de sus vidas y del curso...

Esa noche Efrén halló a Dhamar con un gesto de total ansiedad.

—¿Pasa algo malo?

—Tenemos un pequeño problema.

—¿De qué se trata?

—Los padres de Sonia se enteraron de todo. Son personas muy estrictas. Confrontaron a su hija en forma violenta y ella huyó de su casa.

—No me digas que...

Fue innecesario concluir la suposición. Sonia se hallaba de pie, a unos metros de distancia. Cynthia a su lado.

—Buenas noches, señor.

—Hola, papá...

—¿Cómo están?

—Bien.

—¿Qué ocurre?

—Mis padres se encuentran muy enfadados —comentó la joven con voz trémula—. No tuve humor para aguantarlos... Quiero quedarme a dormir aquí unos días... Si usted me lo permite, claro.

Efrén asintió.

—¿No tuviste humor para aguantarlos? Sonia, ¿sabes lo que sintieron tus padres al enterarse de las juergas en las que participabas? Yo no soy nadie para darte consejos, pero, si aún los amas, creo que debes regresar a tu casa y aceptar ese regaño que, por cierto, te ganaste a pulso.

La joven no contestó. Tomó una bolsa que estaba en el suelo y bordeó la mesa para salir sin despedirse.

—Espera —saltó Cynthia.

Su amiga no se detuvo.

—Papá, dile que se quede, que no tratas de correrla.

Efrén dudó, pero se mantuvo callado.

—¿Por qué la echaste, papá? ¡Ella confió en nosotros! ¡Está aterrada! ¡Siente que en cualquier momento el sujeto de la motocicleta volverá a buscarla para hacerle daño! Su padre le ha dado la espalda... Se encuentra en medio de una terrible confusión. Necesita ayuda. Ella es tu alumna. Te corresponde tenderle la mano. Hoy por la mañana se acercó a mí con lágrimas en los ojos para que te diera las gracias por el curso. No puedes decepcionarla así.

—A ver, amor; hace unos días llevamos a Sonia con el jefe de policía para que declarara, la orientamos y guardamos su secreto, pero no podemos encubrirla. Sonia debe regresar a su casa y enfrentar sus problemas. No he podido dormir pensando que en esa moto iban dos chicas y que ahora el pupitre de una está vacío... Sonia hace mucho que estuvo en la etapa de confusión. Ha caído en soledad nociva. Va a hoteles con desconocidos, ha abortado, ha probado de todo.

—¡Exagerado! —exclamó Cynthia con una mezcla de furia e indignación—. Ella es mi amiga.

Por un momento Efrén no supo qué hacer.

—Esa chica, Sonia, necesita ayuda psicológica —aventuró Dhamar—. Ven Cynthia. Voy a mostrarte algo que descubrimos. No es correcto, pero sí necesario —caminó hasta el estudio—. Debes saberlo. Mira. Es la prueba inicial de Sonia —sacó un paquete de papeles del cajón—. Su hoja de registro tiene la caligrafía idéntica a este examen anónimo que aplicamos al inicio del curso.

Puso al descubierto los documentos. Las respuestas del examen introductorio de Sonia eran cortas e incompletas:

Prostitución. El oficio secreto de todas las mujeres.
Aborto. Un derecho inalienable.
Pornografía. Dar a conocer lo que todo el mundo hace.
Matrimonio. Infierno disfrazado de paraíso.
Virginidad. Telilla que, al perderse, convierte a la mujer en porquería.
Homosexualidad. Una forma normal para expresar, a veces, el cariño.
Masturbación. El peor pecado, cuando se hace a solas.
Relaciones sexuales. Necesidad incomprendida de los jóvenes.

Cynthia tenía la boca abierta.

—¿Qué piensas? —preguntó Dhamar.

—Tienes razón. Mi amiga necesita ayuda.

Efrén observaba la escena desde la puerta; preguntó:

—¿Tú sabes por qué Sonia llegó a pensar así?

—Hoy en la mañana estuvimos platicando. Reconoció que necesitaba cambiar de vida, pero me dijo que era imposible hacerlo con tantas cicatrices del pasado. Sonia tuvo relaciones con su primer novio desde los catorce años de edad. Él le enseñó... y ella se dejó enseñar; entonces comenzó a hablar de aquel embarazo... Dijo que su novio se lavó las manos, aprovechó una oportunidad que le ofrecían para estudiar en otra ciudad y se fue dejándola con el problema... Ella tenía diecisiete años. La idea de traer un hijo al mundo la aterraba. Suponía que su padre la mataría. Tenía pánico. La única persona que la ayudó a tranquilizarse fue Magdalena... Ella había abortado una vez...

—Vaya... —murmuró Efrén—. Un ciego guiando a otro ciego.

—¿Ahora entiendes por qué debemos ayudarla?

—Yo la invité a mi consultorio —dijo Dhamar—. Prometió ir. Su confusión proviene del choque emocional que le produjo el proceso de abortar. ¿Y saben qué es lo más grave? Cuando le pregunté qué haría hoy si volviera a quedar embarazada, no titubeó en contestar... Dijo que abortaría otra vez. En el curso vamos a hablar mañana sobre embarazo prematuro. El material es fuerte, tal vez Sonia se sienta agredida.

—Pero le servirá oírlo. Ojalá no falte —dijo Cynthia con la vista perdida.

TEMA 4
Embarazo no deseado

01. Primera parte de la sesión: **Área biológica**. Exposición breve, por parte de los alumnos, del trabajo de investigación sobre gestación y alumbramiento. Entrega de trabajos.

02. Segunda parte de la sesión: **Área conductual**. Exposición de posibles decisiones por adoptar, una vez que se ha caído en el problema de embarazo no deseado.

1. DIAGRAMAS DEL TEMA

01. Se origina en una etapa de confusión sexual que a su vez puede provenir de un mal noviazgo o de una soledad nociva. Siempre conduce a decepción.

02. Ningún joven, hombre o mujer, está exento de enfrentarse prematuramente a la paternidad. Lo importante de estudiar el tema es reflexionar sobre *las decisiones que* ***podrían*** *tomarse.*

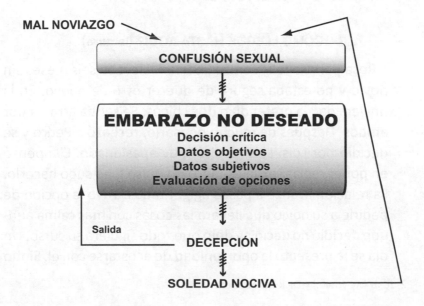

2. DEFINICIÓN

01. El **embarazo no deseado** es la noticia de una futura paternidad que reciben dos jóvenes indispuestos y no preparados para enfrentarla.

02. Aunque los métodos anticonceptivos se encuentran al alcance de todos, los embarazos de adolescentes continúan aumentando. La aplastante mayoría de madres solteras son menores de diecinueve años.[2]

3. ¿CÓMO LLEGUÉ HASTA AQUÍ? (lectura)

Rosa parecía feliz con su libertad. Llevaba seis meses sin novio y no estaba segura de querer otro de nuevo. En la universidad la pretendían dos chicos. Se sentía atraída por ambos. Después de mucho pensarlo, rechazó a Pedro y se decidió por Luis. Luis resultó muy apasionado. Ella pensó en poner reglas sexuales, pero no quiso o no supo hacerlo. La relación avanzó a pasos agigantados. Tuvo la opción de pedirle a su novio que llevara las cosas con más calma aunque decidió no decidir y dejó que todo siguiera su curso. Un día se le presentó la oportunidad de acostarse con él. Sintió

---

2. Josh McDowell y Dick Day, *op. cit.*

miedo y logró persuadirlo para que se detuviera. Pensó asesorarse leyendo algún libro o charlando con alguien. Trató de buscar a una persona experta. No sabía si era mejor ir con un doctor o con una amiga casada. Finalmente eligió a la amiga, quien le platicó sobre los diferentes métodos anticonceptivos. Sin pensarlo mucho decidió usar diafragma. Tuvo relaciones sexuales con Luis y se embarazó. Ahora debe decidir qué hacer con el bebé que vive en su vientre. No deja de preguntarse cómo llegó hasta este punto.

4. LOS INTRINCADOS CAMINOS DEL DESTINO

01. El sendero de un ser humano presenta cientos de divisiones. En cada cruce es necesario elegir una ruta. El camino elegido conducirá a una nueva bifurcación donde debe decidirse de nuevo el rumbo.

02. La vida es como una partida de ajedrez: se realizan muchos movimientos aparentemente sin importancia. Cuando el rey está en peligro, las jugadas se vuelven más críticas. La posición de nuestras piezas en el tablero de la vida nunca será producto de la mala suerte, sino de la forma en que hemos conducido la partida.

03. El destino no existe. Las circunstancias que se viven son producto del conjunto de decisiones que se han tomado.

5. EVALUACIÓN DE DECISIONES PASADAS

01. Con una sola decisión diferente, el futuro de Rosa hubiera cambiado. En su partida de ajedrez, ella tiene un jaque al rey. Es sano anotar los movimientos de las piezas para estudiar por qué se llegó a determinado resultado.

02. Completa el cuadro de la página siguiente anotando a la derecha sus decisiones.

6. LA CLAVE DEL ÉXITO EN UNA FRASE

01. El éxito en la vida es directamente proporcional a la capacidad para tomar las mejores decisiones en los momentos precisos.

Disyuntivas a las que se enfrentó	Decisiones que adoptó
Elegir tener o no novio ⇨	Eligió que sí
Elegir entre dos pretendientes ⇨	
Elegir poner reglas en su noviazgo sobre las caricias sexuales ⇨	
Elegir cuándo detener el avance de las caricias ⇨	
Elegir consumar o detener una relación sexual inminente ⇨	
Elegir alguna manera de asesorarse ⇨	
Elegir a quién acudir ⇨	
Elegir el método anticonceptivo ⇨	
Elegir en qué momento tener relaciones sexuales con su novio ⇨	
Elegir que hace con su bebé ⇨	

02. Diariamente debemos enfrentar cientos de elecciones. Triunfar o fracasar depende de lo acertadas o erróneas que éstas sean.

7. JAQUE AL REY

01. Las decisiones más difíciles de adoptar son aquellas que implican un estilo de vida para varios años: *casarse, divorciarse, cambiar de empleo, mudarse de ciudad, elegir carrera, tener un hijo...*

02. El momento crítico de una decisión difícil requiere toda nuestra atención y cuidado. Un simple *no* o un simple *sí* puede tener repercusiones radicales.

8. ESCRIBIR TODAS LAS OPCIONES

01. Para decidir mejor, es conveniente seguir un sistema estructurado. Rosa debe anotar y organizar todas las ideas que le vengan a la cabeza. Al final, tal vez el cuadro sea similar al siguiente:

OPCIÓN PRINCIPAL	ACCIÓN CONCRETA
MADRE SOLTERA	1. Independizarme. Trabajar y dejar al bebé en una guardería 2. Pedirle a mi madre que lo cuide mientras sigo estudiando 3. Registrarlo como hijo de mis padres. Fingirme su hermana
ADOPCIÓN	4. Entregarlo a una agencia y elegir a sus padres adoptivos 5. Darlo a un orfanato para que sea posteriormente adoptado 6. Abandonarlo en un sitio público
MATRIMONIO	7. Obligar a Luis. Pedir a mis padres que presionen a los suyos 8. Convencer a Luis. Hacerlo sentir responsable y culpable 9. Acostarme con Pedro. Decirle que el hijo es suyo. Casarme con él
ABORTAR	10. Viajar a un lugar donde el aborto sea legal 11. Buscar un médico abortista ilegal que sea seguro 12. Inducirme yo misma el aborto

9. HERRAMIENTAS PARA EVALUAR

01. INFORMARSE. Consultar libros, revistas, videos, Internet, médicos o consejeros; realizar presupuestos económicos, planear tiempos y buscar el testimonio de alguien que haya recorrido ese camino. *Los **datos** obtenidos por este medio se llaman **objetivos** (DO)*.

02. VISUALIZAR. Escuchar la voz interior, con la imaginación construir una película mental en la que el protagonista principal sea uno mismo y muestre con exactitud cómo sería la vida al adoptar cada decisión. Al visualizar, es necesario prever trabajos, dolores, tristezas, alegrías o satisfacciones que se enfrentarán al dar ese paso. *Los **datos** obtenidos por este medio se llaman **subjetivos** (DS)* .

10. EJEMPLOS DE EVALUACIONES

01. Son doce las acciones concretas que evaluar. A continuación se ejemplifican datos objetivos **(DO)** y datos subjetivos **(DS)** para las opciones 1, 6 y 10:

Ejemplos de algunas opciones, después de informarse.

Opción 1: Independizarme como madre soltera

01. *Por información (DO)*. Las madres solteras necesitan enfrentar el duelo de una profunda decepción amorosa, el acoso sexual de muchos hombres y la escasez de pretendientes serios; deben trabajar para mantener a su hijo; les queda poco tiempo para estudiar, divertirse o viajar. Con frecuencia multiplican su fuerza de carácter, se vuelven más maduras; aprenden a valorar la vida, a defender las cosas importantes, y adquieren una mayor capacidad para amar.

02. *Por visualización (DS)*. *"He imaginado todos los detalles y, aunque me parece un camino correcto, no sé si posea la fortaleza para recorrerlo. Al principio me sentiría inhibida y avergonzada, pero después lo superaría. Dejaría de estudiar temporalmente. Podría trabajar sin ningún problema. Pondría al niño en una guardería por las mañanas y conviviría con él por las tardes. Me convertiría en una mujer adulta e independiente en poco tiempo. La idea me agrada y mi hijo lo merece, pero es un cambio tan radical que me da miedo".*

Opción 6: Abandonar al bebé

01. *Por información (DO)*. *Abandonar a un bebé en un lugar público es un delito. Constituye un atentado contra la vida del niño, se le somete a un grave riesgo de daños físicos y mentales. Nunca se sabe si será encontrado a tiempo, o si las personas que lo encuentren seguirán los cursos legales para su atención.*

02. *Por visualización (DS)*. *"Me parece una opción absurda. Necesitaría ser una madre sumamente cruel o ignorante para tirar al niño como si fuese basura. No lo haría ni con un animal. La idea es ridícula y totalmente improcedente".*

Opción 10: Aborto (DO). ¿Qué es?

01. El aborto es la interrupción deliberada del embarazo. La mayoría de los abortos se realizan entre la sexta y la decimosegunda semana de gestación. Los siguientes son datos objetivos sobre lo que se está interrumpiendo exactamente:

02. Entre las primeras cuatro semanas de edad embrionaria, el corazón de un feto comienza a latir, se forman los ojos, el cerebro, los pulmones, la columna vertebral, el estómago, el hígado y los riñones. En la cuarta semana se forman brazos y piernas, el cráneo y la espina dorsal se encuentran en proceso. En la quinta semana las extremidades tienen dedos, los ojos pueden ver, los oídos pueden escuchar. En la octava semana el bebé responde a las cosquillas, el cerebro está completo, los dedos de las manos muestran sus huellas digitales definitivas. A los tres meses todos los sistemas del bebé funcionan sincronizadamente, los músculos y los nervios están hilados, los brazos y las piernas se mueven. Es un ser humano completo. Sólo le falta crecer.

03. El feto, cuando es extraído quirúrgicamente, suele luchar por sobrevivir durante dos o tres horas, a menos que, como ocurre con frecuencia, el "médico" lo ahogue o asfixie para usarlo en estudios o experimentos.[3]

04. La medicina moderna cuenta con recursos sofisticados con los que ha penetrado hasta el mundo del embrión y entiende a ciencia cierta que se trata de un ser humano cuyo corazón late, que es poseedor de ondas cerebrales como las de cualquier individuo pensante, capaz de dormir, soñar y estar despierto, de sentir dolor físico y reaccionar con emociones de tristeza, alegría, angustia o ira.

05. La tecnología médica permite, en la actualidad, proporcionar tratamiento con antibióticos, realizar pequeñas cirugías e incluso cambiar la sangre de un bebé en gestación. En estricto derecho, se trata de un paciente más, diferente a la mamá, y la ética elemental dicta al médico preservar la vida de todos sus pacientes.

06. Los gobiernos invierten millones de dólares en salvar a los enfermos de sida o en descubrir nuevos medicamentos, pero siguen permitiendo el aborto. Éste ha matado más personas que todas las guerras, ha cobrado más vidas que el cáncer, las drogas o cualquier epidemia sufrida por la raza humana.

---

3. Ficho Caio Fabio d'Araújo Filho, *El Aborto*, Miami, Florida, 1989.

Opción 10: Aborto (DO2). El grito silencioso (Lectura)

01. Análisis de una película real, filmada con la ayuda de modernos aparatos durante la práctica de un aborto por succión:

El feto flota en su ambiente acuoso, juguetea con el cordón umbilical y luego se lleva el pulgar a la boca. Succionando su dedo, traga un poco de líquido amniótico. Le sobreviene un ataque de hipo. Siente la mano de su madre que soba el vientre. Patea la mano. Nota cómo ella le devuelve el golpecito y vuelve a patear. Al poco rato pierde interés en el juego y se queda dormido. El abortista coloca el espéculo en la vagina de la mujer. Inserta el tenáculo y lo fija. Mide con una sonda la profundidad del cuello uterino y aplica los dilatadores hasta que el camino está listo para introducir el tubo succionador. En la pantalla ultrasónica se ve el feto moverse normalmente, sereno; su corazón late a ciento cuarenta por minuto; está dormido, chupándose el pulgar de la mano izquierda. Repentinamente despierta con una simultánea descarga de adrenalina. Ha percibido algo extraño. Se queda quieto, como si se aguzaran sus sentidos para entender lo que está sucediendo fuera. El aparato ultrasónico capta la imagen de la manguera succionadora abriéndose paso a través del cuello con movimientos oscilantes, hasta que se detiene tocando la bolsa amniótica. Entonces la presión negativa de cincuenta y cinco milímetros de mercurio rompe la membrana de las aguas y el líquido, donde flotaba el niño, comienza a salir. En ese preciso instante el pequeño comienza a llorar. Pero su llanto no puede oírse en el exterior. Inicia giros rápidos tratando de huir de eso extraño que amenaza con destruirlo. Su ritmo cardiaco sobrepasa los doscientos latidos por minuto; sigue llorando, su boca se mueve dramáticamente y hay un momento en que queda totalmente abierta. Los aparatos detectan un grito que nadie puede escuchar. Los violentos movimientos del producto provocan que constantemente se salga de foco. Puede observarse a la perfección la forma en que trata de escapar, convulsionándose para evitar el contacto con el tubo letal, pero su espacio es reducido y el agresor lleva todas las de ganar. Finalmente la punta de succión se adhiere a una de sus piernitas y ésta es desprendida de un tajo. Mutilado, sigue moviéndose cada vez con menor rapidez en un medio antes líquido y ahora seco. La punta del aspirador nuevamente trata de alcanzarlo; los médicos la introducen buscando a ciegas; les da lo mismo arrancar otra pierna, un brazo o parte del tronco; para el asesinato en sí no existe ningún procedimiento técnico. El "producto" sigue llorando en una agonía impresionante. El tubo vuelve a alcanzarlo, esta vez enganchándose en un bracito que también es desprendido. Negándose a morir, el cuerpecito desgarrado sigue sacudiéndose. La manguera succiona el tronco tratando de arrancarlo de la cabeza. Al fin lo logra. El desmembramiento es total.

Entre el abortista y el anestesista se utiliza un lenguaje en clave para ocultar la triste realidad de lo que está sucediendo. "¿Ya salió el número uno?", pregunta el anestesista refiriéndose a la cabeza. Ésta es demasiado grande para ser succionada por la manguera, de modo que el abortista introduce los llamados *fórceps de pólipo* en la madre. Sujeta el cráneo del pequeño y lo aplasta usando las poderosas pinzas. La cabeza, con todo su contenido, explota como una nuez y los restos son extraídos minuciosamente. El recipiente del succionador termina de llenarse con los últimos fragmentos de sangre, hueso y tejido humano.

Opción 10: Aborto (DO3). Evitar sufrimientos al niño

01. Cuando una madre decide abortar, con frecuencia no piensa en evitar sufrimiento a su hijo sino en evitárselo a ella misma.

02. La metáfora más cercana del aborto sería la historia de una mujer que recibe el mensaje de su hijo radicado en el extranjero avisándole que pronto llegará para instalarse definitivamente junto a ella. La noticia le causa una gran incomodidad pues el chico le quitará espacio y libertad. Racionaliza que su hijo sufrirá mucho si llega, así que contrata a un asesino a sueldo para que lo mate.

Opción 10: Aborto. Evaluación por visualización (DS)

"Se necesitaría estar loco para actuar como lo hizo la mujer del punto anterior; sin embargo, millones lo hacen todos los años y a nadie le asombra. Ahora sé qué es (objetivamente) un aborto. He imaginado todos los detalles: tendría que someterme a una intervención quirúrgica en la que los médicos extraerían de mi cuerpo a un pequeño ser vivo, hijo mío, diferente a mí. Trataría de fingir que es sólo un quiste o un tumor, pero al ver correr y jugar a niños cerca recordaría el 'quiste' a quien no quise brindar la oportunidad de jugar y correr. Entonces procuraría olvidar distrayéndome con muchas actividades. No me importaría beber más alcohol, desvelarme en fiestas y bares. Querría convivir con amigos. No tendría nada que perder. Haría el amor con cualquier chico siempre que fuera posible. Me uniría a algún grupo de feministas para racionalizar con ellas lo positivo del aborto. Me alejaría de mi parte espiritual. En la soledad de mi habitación tendría que tomar alguna pastilla para dormir y evitar así la imagen mental del bebé que en alguna ocasión pude sentir vivo dentro de mí y que ya no sentiría".

11. LA OPCIÓN MÁS COBARDE Y LA MÁS VALIENTE

01. Enfrentar una maternidad prematura siempre conllevará problemas, trabajo y momentos difíciles. A toda costa conviene evitarla; sin embargo, una vez en ella, existen algunas opciones mejores que otras.

02. Al abortar no se le brinda al pequeño ni una sola posibilidad de salvarse. Es peor que tirar a un hijo a la basura, pues en este último caso al menos existe una posibilidad de que viva, si alguien lo encuentra. Abortar resulta la opción más cobarde.

03. Ser madre soltera, por el contrario, significa salvar la vida a un bebé y hacerse responsable de él, a pesar del enorme sacrificio personal que eso conlleva (discriminación, aco-

so sexual, pérdida de reputación, condolencias y rechazo social). La madre soltera pone en alto el valor de la mujer, debe ser felicitada por su valentía, y su hijo ha de sentirse infinitamente agradecido porque ella prefirió darle todo en vez de matarlo. Sin ninguna duda, es la opción más valiente.

04. Lo injusto de los seres humanos es que muchas mujeres abortistas tienen decenas de pretendientes, mientras las mujeres verdaderamente valiosas están solas.

HOJA DE REGISTRO (punto 7)

01. Elabora un cuadro de "opciones principales" y "acciones concretas" para Luis, el novio de Rosa, al momento de enterarse de que su novia está embarazada, similares a las opciones de ella expuestas en el artículo 8.

02. ¿Cuál es la diferencia entre informarse y visualizar?

03. Comenta la historia de alguna madre soltera a quien conozcas y la problemática que ha enfrentado.

TAREA (punto 8)
(Realización por equipos, entrega individual)

01. De las doce acciones concretas, hemos analizado la 1, 6 y 10. Evalúa objetiva y subjetivamente las nueve restantes.

02. Realiza una investigación de todos los métodos anticonceptivos que existen, su utilización, indicaciones, funcionamiento dentro del organismo, ventajas y desventajas.

03. Investiga los procedimientos para dar en adopción a un bebé en tu ciudad.

❑

Dhamar impartió el tema. Sonia asistió a la escuela normalmente. Cuando se expusieron los datos sobre el aborto, Sonia bajó la cabeza quizá reviviendo la sensación de haber tenido un bebé en su vientre y de haberle negado la vida. Fue difícil, pero Dhamar se mantuvo firme pues sabía que parte de la recuperación de un duelo es enfrentar el dolor y llorar la pérdida.

Esa noche, ya en casa, sonó el teléfono.

Contestó Cynthia.

La joven palideció mientras escuchaba a su interlocutor.

—¿Quién era? —preguntó Efrén.

—Lucio, el hijo de la directora. Habló para informarme que encontraron la ropa de Magdalena escondida en el falso plafón de la habitación del hotel.

—¿Cómo? ¿Toda la ropa?

—Sí.

—¿El tipo de la moto la sacó de ahí desnuda?

—Parece que telefoneó a unos amigos y llegaron varios jóvenes en un coche. Eso dice el encargado del hotel. Tal vez la vistieron con otra ropa o la envolvieron en una cobija o... no sé. Siguen investigando.

—Así que se trata de varios jóvenes... —razonó Dhamar.

Los tres se quedaron con la vista perdida en un largo silencio.

—¿Qué pasó con Sonia? —preguntó Efrén.

—Regresó a su casa... Papá, perdóname. Me comporté como una tonta anoche...

—Sólo defendías a tu amiga.

Se puso de pie. Abrazó a sus padres. Se despidió y fue a su habitación. Dhamar y Efrén la vieron alejarse por el pasillo. Algo estaba mal. Después de un rato él fue a verla. Abrió la puerta despacio y encendió la luz. Como temía, su hija estaba despierta, llorando.

—¿Qué te ocurre, nena?

—Tenías razón, papá. Hoy me enteré de que Sonia es bisexual. Acompañaba a Magdalena en sus juegos íntimos y a ambas les gustaba invitar a un hombre a sus prácticas...

Él le acarició la cabeza y le pidió que se calmara.

—Papá, ¿recuerdas que cuando era niña me costaba mucho trabajo dormirme? Todas las noches me contabas un cuento o rezabas conmigo.

Aunque Cynthia era una mujer, seguía siendo la niña de Efrén. Tomó su mano, cerró los ojos y comenzó a hablar con el Poder Superior. Pidió una bendición especial para su hija; pidió por Magdalena, dondequiera que estuviera, por Sonia y por sus padres. Cuando terminó, abrió los ojos y se encontró con la mirada desamparada de su pequeña.

—Papá, no entiendo por qué Ricardo me trató así.

—Descansa, hija.

—¿Fue porque acepté tener relaciones sexuales con él? Me dijo que me amaba. Muchas veces me lo demostró. Yo también lo amaba...

—Ricardo sólo te deseaba.

—Hablé con él por teléfono.

—¿No habíamos quedado en que...?

—Sí —interrumpió—, pero necesitaba pedirle que me enviara mis cosas: Fotografías, cartas, regalos... Estoy muy decepcionada. No quiero verlo nunca más y siento un intenso dolor. Estoy tan sola... soy tan miserable... Lo quise de verdad... —miró a su padre con ojos cristalizados—. Me mata pensar que le di demasiado, ¿me entiendes?

—Algún día encontrarás al hombre adecuado.

—¿Y crees que me ame? ¿A pesar de mi pasado?

—¡Por favor, hija! No tienes nada de qué avergonzarte.

Se abrazaron. Los poros de su piel emanaban un claro resuello de tristeza.

Efrén pensaba. ¡Cómo quisiéramos a veces evitar el sufrimiento de nuestros seres amados! ¡Cuántos no estaríamos dispuestos a intercambiar con ellos su lugar cuando los vemos llorar! Qué paradójica es la vida: la mejor manera de crecer es cayéndose y la más útil forma de ayudar a alguien es acompañándolo mientras se levanta.

Efrén salió del cuarto contristado. Dhamar se encontraba en el estudio.

—Tu especialidad de psicóloga es restaurar el ánimo de personas en proceso de duelo —le recordó—. Tu hija te necesita ahora.

—Lo sé —confirmó poniéndose de pie—, pero supuse que querías hablar a solas con ella.

—Sí. Muchas gracias...

Al día siguiente correspondía a Dhamar exponer el tema "Decepción"; sin embargo, Efrén deseaba estar en primera fila para escuchar el énfasis de una experta sobre cómo salir de esa coyuntura y cómo ayudar a salir a las personas que amaba...

TEMA 5
Decepción

01. Las vivencias de amor y sexualidad nos llevan con mucha frecuencia a la decepción, estado que, si se resuelve bien, puede conducirnos a una **espera edificante** pero, si se resuelve mal, nos arrastrará a la **soledad nociva**.

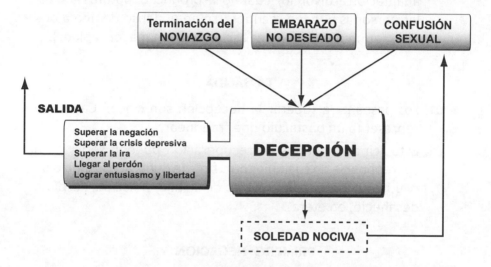

2. DEFINICIÓN

01. La **decepción** constituye un desengaño doloroso provocado por alguna persona en quien se habían cifrado esperanzas de felicidad y que se comporta de forma inadecuada.

02. Provoca depresión, constituye una etapa crítica en la que se daña la autoestima.

3. DECEPCIÓN POR RUPTURA AMOROSA

01. Imaginemos que la pareja camina por un largo puente colgante; representa el vínculo afectivo, capaz de romperse en cualquiera de sus cuatro partes (enamoramiento, conocimiento, compromiso o intimidad).

02. Cuanto más avanzada se encuentre la relación, el precipicio debajo del puente será mayor y, por consecuencia, la caída más dolorosa.

03. Si hubo relaciones sexuales, la caída es muy semejante a un divorcio.

04. Por fortuna, siempre existe un sendero de ascenso a la cima. Cuanto más honda la caída, más larga y escarpada será la ruta hacia la recuperación.

05. Trabajando de forma sistemática, según la escala Fisher de adaptación al divorcio,[4] cuando se producen rupturas graves, las personas pueden recuperarse en un lapso de uno a dos años (aunque hay quienes ascienden con mayor rapidez).

4. LA SALIDA

01. Los pasos para superar la decepción son cinco.[5] Cada uno representa un obstáculo que franquear.

02. Estos cinco peldaños de recuperación pueden servir para sobreponerse de cualquier otro tipo de quebranto emocional (viudez, divorcio, fallecimiento de un hijo, violación, despido, desahucio, etcétera).

PRIMERO: NEGACIÓN

01. La negación es un bloqueo psicológico provocado por el pánico y la incredulidad ante circunstancias sorpresivas indeseables.

02. Quien se enfrenta al cadáver de un ser querido suele gritar: "¡No, no, no; no puede ser, esto es mentira, es una alucinación, simplemente no puede estar sucediendo!". El enfermo de sida cree estar soñando, la chica embarazada sin desearlo espera que todo sea un error, el recién despedido del trabajo se siente como flotando en un mundo irreal.

---

4. Bruce Fisher, *Cómo rehacer tu vida cuando una relación termina*, Pax, México, 1991.

5. Inspirados en la teoría de Elizabeth Kubler Ross, citada en *Ibidem*.

03. La negación es una etapa que debe ser superada lo más rápidamente posible. Esto se logra haciéndole frente a la verdad: Las cosas son así. Todo terminó. No hay marcha atrás. Es necesario aceptar la pérdida, como si se tratara de un ser amado cuyo cuerpo ha sido depositado en el ataúd.

SEGUNDO: DEPRESIÓN

01. Al abandonar la negación, la persona "se viste" de luto; hace pública su tragedia, se debilita, enferma, llora; la embargan sentimientos de culpa y temor. Piensa que nunca va a recuperarse del golpe.

02. Hay quien suele pasar mucho tiempo deprimido. Algunos encuentran cierto placer en el sufrimiento y cierto sufrimiento en el placer. "Dios ha puesto tan cerca la alegría del dolor que muchas veces lloramos de alegría; sentirse víctima puede ser muy agradable".[6]

03. La depresión es un piso resbaladizo. Nos hace caer en el alcohol, drogas o amoríos. El deprimido es como una paloma herida en descampado: vulnerable y fácil de agarrar (con las garras).

04. En esta etapa de tristeza profunda debe evitarse caer en la tentación de una fuga o de un nuevo romance para olvidar.

05. Para superar la depresión se requiere vivir el dolor sin evasiones, desahogarse, hablar del problema o escribirlo; llorar abiertamente, sin reprimir el llanto hasta que se logre el completo desahogo.

TERCERO: IRA

01. Como reacción natural, cuando el decepcionado deja de compadecerse, comienza a sentir enojo. "Mi exesposo dejó de ser un gran hombre para pasar a ser ese cerdo con el que me casé".[7]

---

6. Concepto de Aurora Dupin, citado en *Ibidem*.

7. Rosaura Rodríguez, *Bienvenida al club del divorcio*, México, Diana, 2007.

02. La ira es un reflejo sano de todo ser humano que ha sufrido; es fuego que quema al deprimido y lo sacude de su sopor; indicio de que ha comenzado la recuperación de la dignidad.

03. Es correcto enfadarse; sin embargo, el fuego de la ira debe consumirse hasta las cenizas del perdón.

04. Cuando la ira no se consume por completo o se encauza mal, puede originar graves estragos. Se sabe de personas que han calumniado, golpeado e incluso asesinado durante esta etapa.

05. Para superar la ira, es necesario sacar todo el coraje, hablar del tema; realizar un nuevo plan de ejercicio físico forzado, trabajar más y corregir enérgicamente los objetivos personales.

CUARTO: PERDÓN

01. El perdón verdadero son las cenizas de la ira extinta.

02. Se perdona cuando ya no se recrimina a nadie ni se siente rencor; cuando se recuerda el ayer con nostalgia pero sin tratar de encontrar culpables.

03. El perdón es la aceptación pacífica de los hechos, la conciencia de que todo lo ocurrido nos ha dado mayor madurez, la renovación del amor propio.

04. Una persona que ha sufrido decepción amorosa, al perdonar, es capaz de desear bien a su examante o incluso de brindarle ayuda desinteresada si la necesita.

QUINTO: LIBERTAD

01. Regresa la sonrisa al rostro. La persona asume el control total de su tiempo, se vuelve fuerte, autónoma y jovial.

02. Una prueba inequívoca de que se ha llegado a esta etapa es encontrarse de frente con la persona que ocasionó la caída y no sentir la menor exaltación. Sonreír, pero sin percibir que el corazón late más rápido, ni que el sistema nervioso registra la más mínima emoción.

03. El entusiasmo y la libertad conducen a la soledad edificante en la que ya no hay dependencia de nadie. La persona es responsable de sí misma y puede vivir sin ninguna atadura emocional.

5. ENAMORARSE DE LA PERSONA EQUIVOCADA

01. Las decepciones amorosas son comunes porque muchos viven idealizando y errando. Niegan, se deprimen, se enojan, perdonan y vuelven a enamorarse sin alcanzar nunca la libertad.

02. Sor Juana Inés de la Cruz lo explica mejor que nadie en estos dos poemas:

Feliciano me adora y le aborrezco;
Lisardo me aborrece y yo le adoro;
por quien no me apetece ingrato, lloro,
y al que me llora tierno, no apetezco.

Al que ingrato me deja, busco amante;
al que amante me sigue, dejo ingrata;
constante adoro a quien mi amor maltrata;
maltrato a quien mi amor busca constante.
Al que trato de amor, hallo diamante,
y soy diamante al que de amor me trata;
triunfante quiero ver al que me mata,
y mato al que me quiere ver triunfante.

6. PARA NO EQUIVOCARSE

Un consejero matrimonial le decía a cierto decepcionado crónico:

01. "Puedes enlistar todas las cualidades que debería tener la pareja de tu vida, pero independientemente del color de piel, ojos, estatura, cabello, profesión, carácter, religión o hábitos, nunca olvides lo más importante: Que te ame".

02. ¿De qué te serviría hallar al hombre más inteligente y caballeroso si no le interesas? ¿Para qué quieres junto a ti a la mujer más exquisita y hermosa si sólo quiere manipularte?

03. Si crees estar enamorado pero mal correspondido, despreocúpate y olvídalo. No se trata de amor. Sólo es un capricho, un invento tuyo que terminará destruyéndote si te aferras a él.

04. El amor de pareja se da necesariamente entre dos. Para conformar una molécula de agua se requiere hidrógeno y oxígeno. Cada persona posee un elemento. Si aportas mucho hidrógeno, por más que lo desees, no se convierte en agua; y si te empeñas en ver líquido donde sólo existe gas, estarás flotando en sueños y atrapado en decepciones crónicas.

7. SÍNDROME DE "PEOR ES NADA"

01. Muchos jóvenes no quieren abandonar sus noviazgos y realizan malabarismos en puentes colgantes gravemente deteriorados. Cada vez que pueden, se arrojan de un puente a otro. Siempre tienen novio o novia, pero, a la vez, están siempre disponibles. Los novios suelen continuar juntos sólo por costumbre. Ambos se sienten atados, pero no se atreven a terminar porque temen la soledad. A veces deciden incluso casarse pensando que es peor estar solo que mal acompañado y, como no tienen una mejor opción, se "mal-acompañan" para siempre.

8. LA ÚLTIMA PUERTA

01. La decepción ofrece una puerta digna y amplia hacia la dignidad. Viviendo los cinco pasos se abre la posibilidad de comenzar a subir.

02. Uno de los rasgos de madurez más claros de un joven es terminar las relaciones amorosas destructivas por el simple hecho de ser destructivas y no porque haya otro romance en puerta.

03. Los romances rutinarios obstruyen el crecimiento intelectual. La mayoría de las obras de arte de la historia fueron realizadas cuando los genios se hallaban en etapas de soledad afectiva.

04. Atreverse a vivir la soledad forja el carácter, torna a la persona más profunda y sensata, además de permitirle alcanzar grandes metas creativas.

05. El joven que está solo y no encuentra la pareja adecuada debe cuidarse para no arrojarse en brazos de cualquiera con el fin de evadir su tristeza. La soledad produce crecimiento interior y, tarde o temprano, esto atrae a los mejores pretendientes.

CUESTIONARIO DE REGISTRO (punto 9)

01. Explica los cinco pasos para recuperarse de una decepción.

02. ¿Por qué los amores mal correspondidos son tan desgastantes e inútiles?

03. ¿A qué se llama síndrome de "peor es nada"?

04. ¿Cómo se logra la libertad y el entusiasmo?

05. ¿Por qué se dice que la soledad elegida produce crecimiento?

TAREA (punto 10)

01. Elabora una composición personal sobre el significado de la palabra *SOLEDAD*. Diferencia **soledad nociva** y **soledad edificante**.

02. Escríbete una carta en la que te hables en forma clara y directa sobre las ventajas de estar solo a veces. Analiza tus decepciones amorosas del pasado y explica lo positivo de haber terminado esas relaciones.

❑

Dhamar impartió la sesión. Era su tema preferido. Efrén no pudo estar en el aula como se lo propuso porque se produjo un pequeño contratiempo: antes de entrar al salón hallaron al prefecto en la puerta interceptándoles el paso.

—La directora quiere verlos inmediatamente —advirtió con gesto adusto.

—Terminando la sesión iremos a su oficina.

—Desea hablar con ustedes antes de la clase.

Efrén se quedó pasmado sin poder captar el fondo de la prisa. Los estudiantes guardaron silencio interesados en saber hasta dónde estaría dispuesto el prefecto a impedirles el acceso.

—Voy a la dirección —le dijo él a su esposa—. Tú comienza a impartir el tema.

Ella entró al salón y cerró la puerta.

—¿Vamos? —apremió al hombre.

Caminaron con rapidez hacia las oficinas. La secretaria no estaba en su escritorio. La puerta de la dirección se encontraba entreabierta.

—¿Puedo pasar?

—Adelante.

La doctora escribía. Permaneció con la vista en sus papeles.

—Gracias, don Andrés —le dijo al sujeto, que se detuvo en la entrada del recinto—. Puede retirarse.

Sobrevino un momento de enorme tensión.

—¿Cómo va el curso?

—Bien... Muy bien...

Hizo a un lado su pluma, respiró hondo y se quitó los anteojos.

—¿Quiere sentarse?

—Gracias.

—Dos jóvenes vinieron ayer —comenzó—. Parecían muy molestos. Me dijeron que usted y su esposa estaban atemorizando a los estudiantes con material ofensivo, que usted los amenazaba en privado para hacerles callar sus inconformidades, so pena de traerlos a la dirección acusándolos de indisciplina, y que su esposa había humillado a Sonia frente a todos los chicos y la había lesionado moralmente al burlarse de la forma en que perdió a su bebé. ¿Es cierto todo eso?

—¿Usted lo cree?

—¡Señor, si los estudiantes se quejan, tengo la obligación de indagar!

—Pero, ¿qué le pasa? Es lógico que algunos chicos se molesten cuando se les habla de valores.

—¿Es cierto que amenazó en privado a dos muchachos?

—No. Les planteé las opciones de respetar a sus compañeras o desaparecerse del curso.

—¿Desaparecerse?

—Doctora Norma, mi esposa es una psicóloga reconocida. El material que impartimos fue escrito por uno de los terapeutas sexuales más importantes del país. Trabajamos con un curso serio. Si duda de nuestra competencia, la invito a que vayamos en este momento a escuchar la sesión.

Suspiró.

—En realidad lo llamé para informarle de algo. Los jóvenes inconformes no sólo vinieron a verme a mí. Fueron hasta la oficina del rector.

—¿Y...?

—El rector me ha sugerido que les ordene suspender el curso. Usted sabe que no necesitamos más problemas —continuó—. Últimamente, con el asunto de esa chica desaparecida... La policía está husmeando en todo, los inspectores revisan archivos, mis superiores nos vigilan en exceso. Las circunstancias en que desapareció... Ya sabe. Se cuestiona la honorabilidad de los estudiantes de mi facultad.

—¿Y cree que mi esposa y yo tenemos algo que ver con eso?

—Se les ha vinculado con esa chica Sonia, la primera sospechosa en la desaparición de Magdalena.

—De acuerdo. Estamos en medio del huracán. Nadie nos llamó. Vinimos por nuestra propia voluntad, ¡pero vinimos a ayudar! El tifón está arremetiendo directamente contra los jóvenes. He abandonado parcialmente mi negocio y dedico mucho tiempo al curso. Mi esposa actúa igual. Podemos cerrar los ojos y fingir que no pasa nada o aguantar las presiones de la crítica y seguir luchando por auxiliar a los chicos en medio de la tempestad.

—Quisiera confiar en ustedes.

—Hágalo.

—Mi hijo Lucio también asiste al curso —titubeó y perdió toda autoridad al mencionarlo; su gesto se volvió de indefensión—; ha cambiado un poco desde entonces...

—¿Por qué no le pregunta a él sobre lo que se ha mencionado en el salón?

—Lo haré.

—Y obsérvelo.

—Sí... —se detuvo pensativa—. Ha dejado de salir con su amigo. Aunque ahora casi siempre está callado y encerrado.

—¿Salía con un amigo?

—Nunca ha tenido novia, pero a veces bromea diciendo que tiene... novio...

Efrén se dio cuenta de que la confidencia denotaba un voto de confianza hacia él.

—Gracias por comentármelo.

Nuevamente ella se colocó muy despacio sus anteojos.

—Sigan con el curso, pero procure evitar problemas, por favor.

—De acuerdo.

Salió de la oficina confundido.

Entró al salón justo cuando Dhamar iniciaba el turno para contestar por escrito el cuestionario. Le preguntó si todo estaba bien y él contestó que sí. Caminó entre las filas de alumnos. Al pasar junto al hijo de la directora, se detuvo.

—¿Cómo vas? —ella le preguntó en voz baja.

—Bien.

—Te he notado muy serio durante el curso; ¿tienes algún problema?

—No.

—Comprendo... pero si tienes alguna duda sobre sexualidad que quieras platicar con un hombre... En fin. Estoy aquí para ayudarte...

—Gracias.

TEMA 6
Masturbación

1. MIEDOS ANCESTRALES

01. Históricamente se ha condenado la masturbación. En el siglo XVIII se aseguraba que la práctica causaba ceguera, catalepsia, neurosis, histeria, depresiones, parálisis y muchos otros males.[8] Se difundió, en esa época, el castigo de la castración para los jóvenes que se masturbaran. En el siglo XIX se prescribía médicamente que los jóvenes usaran cinturón de castidad de día y anillos con clavos interiores en el pene para evitar la erección nocturna.[9] Se introdujo la cliteridectomía (extirpación quirúrgica del clítoris) para curar de la "terrible perversión" a las niñas sorprendidas acariciándose.[10] Se ideó también la ooferoctomía o extirpación de los ovarios. Se llegó a usar cataplasmas y varillas en los genitales para inhibir a los jóvenes.

02. En la actualidad todavía hay quien bromea diciendo que la masturbación disminuye la capacidad mental o física y provoca cambios en el rostro o el cuerpo.

⇨ Preguntas de opinión: Menciona todos los mitos que hayas escuchado sobre la masturbación.

2. DISCERNIR ANTES DE CONDENAR

01. Es necesario solicitar, tanto a quienes promueven la práctica como a los que aún la condenan, que sean especialmente analíticos en el tema.

---

8. Samuel A. Tissot, *Onanismo, un tratado sobre los trastornos producidos por la masturbación*, 1758.

9. En un libro de gran éxito del doctor J. L. Milton: *Patología y tratamiento de la espermatorrea*, 1887.

10. En 1858 el doctor Isaac Baker Brown, ginecólogo inglés de gran prestigio, recomendaba la extirpación del clítoris.

02. El *Manual Merck de diagnóstico y terapéutica*, una de las obras científicas especializadas para médicos más serias de nuestra época, dice textualmente:

La masturbación, antes considerada una perversión y una causa de enfermedad mental, se reconoce ahora como una actividad sexual normal durante toda la vida y se considera un síntoma sólo cuando sugiere una inhibición en el comportamiento orientado hacia la pareja. Su incidencia acumulativa se sitúa alrededor de noventa y siete por ciento de los varones y ochenta por ciento de las mujeres.

03. Este Manual asegura que la mayoría de las personas la han realizado alguna vez en su vida sin ninguna consecuencia negativa; sin embargo, también acota que se considera anormal cuando sugiere un problema de comportamiento hacia la sexualidad de pareja. Y concluye: "La masturbación, *per se*, no es perjudicial, pero puede llegar a alterar la capacidad de funcionamiento sexual (por algunos factores psicológicos implicados en la práctica)".

3. DIAGRAMA DEL TEMA

01. Quien no supera la decepción o la confusión cae en una soledad nociva, pero antes de llegar al cuadro crítico puede recorrer una antesala conocida como *masturbación*. Este estadio posee una pequeña línea de escape hacia la espera edificante, así como una línea de bajada hacia la masturbación obsesiva.

4. DEFINICIÓN

01. La **masturbación** es la autoestimulación de los genitales con el fin de obtener placer solitario.

02. La **masturbación eventual** es practicada de manera emergente por los jóvenes para desfogar su tensión genital.

03. La **masturbación obsesiva** es una adicción que suele acompañarse de pornografía, aventuras rápidas, disfunciones, desviaciones y promiscuidad venérea.

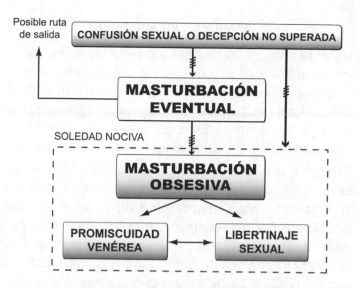

5. ¿CÓMO SE CAE EN LA MASTURBACIÓN OBSESIVA?

01. La hipófisis, controlador central de la producción endócrina, provoca en el organismo un determinado grado de sensibilidad ante los estímulos sexuales; los estímulos provocan reacciones (excitación), y éstas, a su vez, impulsan a la resolución (orgasmo).

02. Si no existieran las condiciones hormonales, el cuerpo sería insensible a los estímulos, incapaces de provocar reacción alguna. Aun presentes las condiciones hormonales, si no hubiera estímulos sexuales, tampoco se produciría reacción. En ambos casos la masturbación no existiría.

03. Por el contrario, al unirse carga hormonal y estímulos, la resolución (orgasmo) se convierte en una necesidad. Esta resolución, lejos de ser dañina, puede ser incluso natural.

04. La masturbación obsesiva comienza cuando el joven con una fuerte carga hormonal se procura diversos estímulos para autoinducirse reacciones y repetir continuamente la resolución orgásmica.

05. Los estímulos más fuertes son las fantasías mentales, producidas al recordar o imaginar episodios cargados de erotismo. Estos episodios eróticos se encuentran en la pornografía, las aventuras sexuales, las orgías, las caricias profundas, etcétera.

6. ¿TAMBIÉN LAS MUJERES?

01. Durante años se les ha hecho creer a las niñas que es malo observarse o tocarse (como si sus cuerpos no fueran de ellas o estuviera bien tener unos órganos y mal tener otros). También se les ha hecho creer que sólo existen para procrear y dar placer a los hombres. Esto es un error. Las consideraciones respecto a estos temas no discriminan a nadie por su género.

02. De hecho, el clítoris es un órgano especializado para el placer sexual. Analógicamente, ¿qué resulta mejor para hacer un trabajo excelente?, ¿contar con un escáner especializado, una impresora especializada, una fotocopiadora especializada; o tener un aparato que hace todo al mismo tiempo? El hombre tiene una maquinita que sirve para todo: expulsa semen, produce placer y excreta orina; mientras que la mujer posee instrumentos expertos hechos exclusivamente, uno para la micción, otro para la fecundación y otro para el placer erótico. Esto nos lleva a concluir: no existe inmoralidad ni obscenidad al hablar de que la mujer puede disfrutar el sexo tanto o incluso más que el hombre.

03. Aunque existen excepciones, es conocido que los varones se masturban sobre todo en la adolescencia pues su sistema hormonal provoca una hipersensibilidad a los estímulos del medio. Por el contrario, las mujeres no suelen hacerlo sino hasta las últimas etapas de la juventud (veinticinco a veintinueve años) y en especial en los inicios de la madurez (treinta a treinta y nueve años), cuando, por lo común, los estímulos han llegado a niveles máximos.[11] Según el Reporte Hite, algunas mujeres maduras la practican para sensibilizar su cuerpo y alcanzar una vida sexual más satisfactoria.[12]

---

11. Lyn Margulis y Dorian Sagan, "Danza misteriosa. La evolución de la sexualidad humana", Kairós, investigación realizada por Enrique M. Coperías, publicada en *Muy Interesante*, año XIII, núm. 6, Eres, México.

12. Shere Hite, *Reporte Hite de la sexualidad femenina*, Barcelona, Plaza y Jánes, 1977.

7. ¿SERÍA SENSATO PONERLE UN FRENO?

01. Ningún vicio, por inocuo que parezca, puede ser positivo.

02. Algunas personas toman alcohol, otras se masturban; la esencia de la adicción es la misma. La que nos ocupa se basa en la imaginación de escenas eróticas y en el uso de material pornográfico.

03. El masturbador adicto vive espiando las cualidades sexuales de toda la gente que lo rodea, pues son estos atributos convertidos en fantasías mentales el principal alimento de su vicio.

04. Cuando una adolescente practica habitualmente la autoestimulación, acelerará su necesidad de tener relaciones sexuales.

05. La autoestimulación excesiva suele crear en el adolescente varón el reflejo de la eyaculación precoz que afectará su vida conyugal posterior.

06. El vicio de la masturbación es difícil de erradicar. No fomenta hogares sólidos ni relaciones conyugales armoniosas. Normalmente resulta frustrante para el cónyuge descubrir que su pareja obtiene placer a solas.

07. Es importante mencionar, aunque se trate de casos extremos, que las prácticas de pederastia, la seducción de menores y las parafilias se inician casi siempre con la masturbación colectiva.

08. Preguntamos de nuevo: ¿Sería sensato ponerle un freno? La respuesta es SÍ.

8. ABANDONAR LA MASTURBACIÓN

01. Un joven debe concientizarse hacerca del peligro de caer en un vicio si no se propone conscientemente controlar su práctica.

02. Es deseable abandonar la masturbación enfrentando el reto de las ventajas de carácter que se adquieren mediante el control pleno de los impulsos.

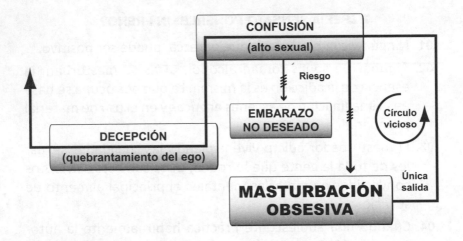

03. Merece la pena lograr un mayor autodominio, pues esto fragua el temperamento y ayuda a triunfar en los demás aspectos de la vida.

04. Reiterando la ley de la confiabilidad masculina: "Cuanto más inmaduro y débil de carácter es el hombre, más mujeriego y promiscuo suele ser; cuanto más dominio de sí posee, es más confiable, fiel y honesto sexualmente".

05. La salida de la masturbación eventual es usar una pequeña línea que conduce al alto sexual y a la espera edificante.

06. Cuando se ha llegado a la masturbación como vicio, no lleva a otra cosa que la confusión y la decepción.

07. Algunas recomendaciones útiles:

- Dejar de ver pornografía.

- Evitar el ocio.

- Elaborar un plan de organización.

- Plantearse objetivos claros.

- Trabajar intensamente.

- Emprender deporte de competición.

- Eliminar todo lo posible las charlas sobre presunciones eróticas.

- No buscar programas, películas o revistas que contengan escenas de sexo.

- No acudir a espectáculos nudistas.
- Controlar la imaginación erótica.

CUESTIONARIO PARA REGISTRO (punto 11)

01. ¿Cómo eran tratadas en siglos pasados las personas que se autoestimulaban?

02. Según tu opinión, ¿cuál es el efecto que produce una represión exagerada?

03. ¿Cuál es el punto de vista de la ciencia médica?

04. ¿Por qué se dice que la masturbación puede convertirse en vicio?

05. ¿En qué etapas de la vida suelen masturbarse hombres y mujeres? ¿A qué se debe la diferencia?

06. ¿Qué consecuencias negativas se observan en la vida de las personas adictas a la masturbación?

TAREA (punto 12)

01. Trabajo de investigación: Con la ayuda de un libro de terapia sexual o alguna enciclopedia médica, resume las disfunciones más comunes (frigidez, vaginismo, dispareunia, anheudonía sexual, eyaculación retardada o precoz, disfunción eréctil, impotencia, trastornos del orgasmo, etcétera).

❏

Mientras los estudiantes respondían el cuestionario, Dhamar y Efrén conversaban en voz baja. De pronto, un chico se puso de pie y se paró frente a ellos. Lucio, el hijo de la directora.

—No creo que usted pueda ayudarme —le dijo a Efrén.

—Inténtémoslo.

—¿Cuándo?

Se puso de pie.

—Ahora.

Salió del aula. Cerraron la puerta del salón. Se detuvieron en el pasillo.

—¿Por qué me ofreció ayuda?

—Noté que la necesitabas.

—¿No será que mi madre se lo pidió?

—Si así fuera, ¿qué habría de malo?

—Es neurótica. Me trata como a un bobo.

—Tal vez sólo esté preocupada.

—Ella siempre está preocupada. Tardó diez años en embarazarse. Desde niño me mimaba y agobiaba con caricias y cuidados. Decía que yo era la "luz de su vida". Dormí en su cama hasta los catorce años. Soy el típico hijo único, malcriado y consentido.

Su cinismo hizo sonreír a Efrén.

—¿Y tu padre?

—No tengo padre.

—¿Falleció?

—Se fue de casa. Yo tenía seis años. Él realizaba una reparación inclinado sobre el cofre de su auto, me pidió la llave inglesa; en el suelo había muchas herramientas, pero yo no sabía cuál era la llave inglesa; él se asomó y al verla frente a mí se enfureció, me gritó: "Inútil, me estorbas, lárgate con tu madre y ayúdale a ella en la cocina". Mi *mami* Norma le advirtió que no se atreviera a regañarme otra vez y me prohibió acercarme a él. Las cosas se pusieron cada vez peor hasta que papá se fue. Mi madre me llenó la cabeza de ideas aprensivas. Me hizo temerle a todo. Cada año me cambiaba de escuela. Me molestaban y yo lloraba todo el tiempo. No me gustaban los deportes rudos y mis compañeros me hacían a un lado. En la primaria mis amigos eran mujeres y aprendí a convivir sólo con ellas. A los diez años, en el baño de la escuela, un compañero mayor me enseñó cómo se masturbaba. Eso me causó un choque emocional muy fuerte. Antes de entrar a la adolescencia ya veía pornografía con algunos compañeros mayores... No sé por qué le cuento todo esto.

—A ver —Efrén intentó concretar—: tú eres muy inteligente, pero solitario. ¿Cómo es tu relación con las chicas?

El joven clavó en mí sus ojos. Luego escondió la cara.

—No me gustan las muchachas...

—Entonces... ¿te gustan los hombres?

—Cuando hable de la homosexualidad, ¿puedo invitar a un amigo a la sesión?

—Claro.

Por primera vez Efrén notó cierto amaneramiento en los modales del chico.

Al fondo del pasillo apareció la directora. Venía hacia ellos. Lucio se puso nervioso. Quiso desaparecer, pero ya era tarde. La doctora Norma aminoró el paso, visiblemente incómoda de apersonarse en un mal momento.

—Hola —saludó—, necesito hablar con ustedes.

—¿Con...? —preguntó Efrén para que especificara.

Se veía nerviosa y sofocada.

—Con todo el grupo —se abrió paso y entró al aula con vehemencia.

—¿Sucede algo malo?

—Sí.

Los jóvenes suspendieron su trabajo. El grupo la miró expectante. Su cuerpo rollizo parecía más bajo y redondo de lo que era, sus manos sudaban, de sus ojos emanaba un gran trastorno.

—Es urgente. Disculpen la interrupción. Mejor dicho, ya no es urgente, pero sí necesario... —el silencio se tornó denso—. Es indispensable que lo sepan.

Sonia abrió desmesuradamente los ojos; como guiada por un presentimiento atroz, se irguió, guardando la respiración.

—Encontraron a su compañera Magdalena...

Por unos segundos todo el grupo pareció unirse al reflejo de Sonia de aguantar el aliento.

—Desgraciadamente no está viva —concluyó la directora—. La asesinaron hace más de dos semanas. Arrojaron su cuerpo a un barranco de la antigua carretera a Toluca.

La audiencia continuó petrificada. Muchas preguntas sin contestar flotaron en el aire. ¿Murió en el hotel? ¿El joven de la motocicleta la asesinó? ¿O fueron los rufianes que llegaron por ella después de que la desnudaron? ¿Cuándo? ¿Por qué?

—Esta noche van a velar el cuerpo. Mañana lo entierran. Les comento esto por si alguien desea estar presente.

Los estudiantes comenzaron a murmurar. Se oyeron algunas exclamaciones de desesperación. Varias chicas rompieron a llorar. Sonia había dejado caer la cabeza sobre su pupitre. La noticia seguramente destrozó lo más hondo de su ser. Se desplomó. Algunos alumnos corrieron a ayudarla. Le aplicaron primeros auxilios. Minutos después de volver en sí, apareció un inspector de la policía que deseaba llevarla a las oficinas de investigación para interrogarla nuevamente. La joven, como autómata, se dejó conducir hasta la patrulla que la esperaba en la puerta de la escuela.

El sepelio de Magdalena fue terrible. La desesperación de los padres se manifestó durante todo el funeral. Los gritos y llantos deprimieron a los presentes en grado máximo. Eran personas de buen nivel económico y cultural. Nadie podía comprender que la primogénita de una familia distinguida hubiera terminado así.

En el camino de regreso Efrén, Dhamar y Cynthia no hablaron.

Dhamar pasó a casa de Laura, su paciente con sida, a recoger unos libros que le había prestado. Padre e hija la esperaron afuera. Dhamar les dijo que no tardaría. Pero se equivocó. Tardó más de treinta minutos. Cuando salió de la casa, con los libros bajo el brazo, parecía meditabunda.

—¿Qué ocurrió? —le preguntó Efrén—, ¿por qué tanto tiempo?

—Le platiqué a Laura sobre el curso que estamos impartiendo. Se mostró muy interesada. Me pidió que le explicara de qué se trataba. Le dibujé el esquema. No me dejaba ir. Quería que le hablara de cada punto.

—Vaya... —de pronto una idea loca lo hizo encarar a su esposa—. ¿La invitaste?

—Se invitó sola. Me dijo que si tú y yo lo permitíamos podría ir a la universidad para hablar con los chicos sobre lo que le sucede.

—Sería muy impactante escucharla —opinó Cynthia desde el asiento de atrás.

—Sin duda. Pero ya no estoy muy convencido de seguir con este curso.

—¿Por qué?

—A Sonia le arrojaron una bomba casera, es la única testigo que puede reconocer al asesino de su compañera. Tal parece que hay una banda de jóvenes implicada. Son palabras mayores. Todos peligramos, y todos somos sospechosos. Las investigaciones serán exhaustivas. Lo peor aún está por venir.

—¿Y qué importa? —insistió Dhamar—. ¡Debemos ayudar a los muchachos! Ya no podemos hacernos a un lado. Estamos muy involucrados, Efrén. Iniciamos el curso cuando se desató la tromba. Lo hemos defendido contra viento y marea. ¿Por qué tan cobarde ahora?

—¿Cobarde? ¿Tú crees que es cobardía intentar proteger a mi familia?

Ahí terminó la discusión. Durante el resto del trayecto no hablaron. El rostro de Cynthia se veía desencajado. Las vibraciones del vehemente e inesperado desacuerdo confundieron y lastimaron a cada miembro de la familia. Dhamar y Efrén, después de discutir, siempre hallaban la forma de limar sus diferencias. Esa noche no sucedió así. Durmieron enfadados, en los bordes opuestos de la cama. Aunque, a decir verdad, ninguno pudo dormir.

Efrén pensó toda la noche en el tema de libertinaje sexual, con el que continuaba el curso. Sin duda en él se hallaban las respuestas de mucho de lo que estaba ocurriendo.

TEMA 7
Libertinaje sexual

(Pornografía, aventuras rápidas, orgías, prostitución, disfunciones y desviaciones)

1. DIAGRAMA DEL TEMA

01. El libertinaje proviene de una confusión sexual creciente, una decepción no superada o una masturbación obsesiva.

02. La *libertad* es el centro de la soledad edificante y el *libertinaje* es el centro de la soledad nociva.

03. Salir de la soledad nociva no es fácil. La única puerta conduce nuevamente a la confusión; el problema sólo se resuelve viviendo un alto sexual y un *quebrantamiento del ego* en la decepción.

2. DEFINICIÓN

01. El **libertinaje sexual** es la práctica superficial y sin límites del erotismo; lleva a uno o más de los siguientes estadios: pornografía, aventuras rápidas, orgías, prostitución, disfunciones y desviaciones.

02. El libertinaje provoca estragos psicológicos que afectan la conducta general y deterioran la vida sexual posterior.

3. AVENTURAS RÁPIDAS (lectura)

Nos conocimos en una fiesta. Tomamos un par de copas y bailamos. Era una chica muy sensual, con mirada de fuego y una forma de moverse extraordinaria. Mis padres y hermanos estaban de viaje, así que la invité a pasar la noche en mi casa. Ella aceptó. Yo estaba muy excitado ante la idea de hacer el amor con una mujer como aquélla. En casa seguimos bebiendo; luego fuimos a la recámara principal y nos desnudamos. Era una fiera. Sus besos apasionados me arrebataban el aliento, sus caricias resultaban demenciales. Hizo cosas que no había probado antes con ninguna mujer. Terminé todo arañado y mordido. Yo también la mordí y rasguñé. Fue una locura. Nos dormimos sobre la alfombra.

A las pocas horas me despertaron unos ruidos. Ella estaba vomitando en el baño. Me acerqué y gritó que me alejara. Su voz ya no era seductora sino agresiva. Miré el perfil de un rostro desagradable y una mirada trastornada. Retrocedí. ¿Qué había hecho? ¿A quién había metido a la habitación de mis padres? Encendí la luz y descubrí con horror que toda la alfombra estaba manchada de vómito. La mujer se hallaba drogada. Después de un rato salió del baño tambaleándose y se arrojó sobre la cama. Quise retirarla de ahí, pero era muy pesada. Pasé toda la noche limpiando. No sabía qué hacer.

La dejé dormida; fui a la universidad y pedí ayuda a mis amigos. A medio día me acompañaron a la casa. Para mi sorpresa, ya no estaba, pero eso no era lo grave: habían volteado los muebles, se habían llevado dinero y aparatos eléctricos. No supimos qué ocurrió, pero mi aventura sexual terminó de la manera más inesperada. Esa noche, cuando llegaron mis padres, tuve que explicarles... Creo que perdieron la confianza en mí.

Últimamente me he sentido acechado por gente extraña. En tres ocasiones he visto el mismo auto con jóvenes de mal aspecto. Tal vez me estoy volviendo paranoico, pero la verdad es que no vivo tranquilo. He terminado con mi novia y siento que todas las mujeres, en el fondo, son manipuladoras, nunca dicen realmente lo que quieren cuando aceptan acostarse contigo.

4. CONSECUENCIAS IMPREDECIBLES

01. Los aficionados a los episodios sexuales fáciles enfrentan tarde o temprano desagradables sorpresas. En el juego erótico, mucha gente usa máscaras.

02. Quien tiene sexo de manera liviana ignora realmente cuál puede ser la conducta previa y posterior de su amante.

03. Las aventuras sexuales tienen un precio. Son sellos de intimidad que producen compromisos. A veces se pagan caro:

   • Miles de hombres han sido víctimas de mujeres audaces que buscan embarazarse para forzar el matrimonio.

   • Muchas mujeres han sufrido violación o abuso sexual al seguir el juego a alguien que hacía insinuaciones divertidas.

   • Centenares de jóvenes sufren enfermedades venéreas contagiadas *deliberadamente* por alguien resentido.

   • Muchos hombres han quedado aniquilados cuando la empleada a la que sedujeron hizo público el romance y *se cobró su parte*.

   • Miles de personas chantajeadas han perdido casas, coches, dinero y negocios al ser fotografiadas manteniendo relaciones sexuales.

   • Gran cantidad de hombres, después de asistir a un burdel, se han visto involucrados en amenazas y extorsiones por los mafiosos que explotan a las prostitutas.

- Miles de mujeres solteras pierden su libertad y seguridad al acostarse con su novio: muchos varones, después de mantener relaciones sexuales, se sienten con ciertos derechos sobre las chicas, la ven un poco como de "su propiedad" y, aun cuando ella ya no quiera saber nada, ellos seguirán deseándolas y persiguiéndolas.

04. Nuevamente: *Las aventuras sexuales **tienen un precio**. Son sellos de intimidad que producen compromisos. A veces se pagan caro.*

5. MAPA PSICOSEXUAL

01. Cada quien cuenta con un mapa psicosexual donde traza las líneas de lo que es en la intimidad más profunda. Son líneas marcadas en el subconsciente por las experiencias sexuales vividas.

02. En el mapa psicosexual existen emociones secretas, recuerdos y anhelos relacionados con el sexo.

03. El mapa psicosexual marca las pautas de conducta.

6. DISFUNCIONES

01. El deseo erótico es un proceso psicosomático basado en la actividad cerebral y en el guion cognitivo. El correcto funcionamiento sexual depende de la disposición mental previa, la excitación vasocongestiva efectiva y el orgasmo.[13] Las disfunciones son trastornos del mapa sexual que inhiben alguno de estos puntos.

02. Las disfunciones se deben normalmente a factores psicológicos: miedo, culpabilidad, depresión, ansiedad, vergüenza, sentimientos de incapacidad, aversión, acontecimientos traumáticos de la infancia o de la adolescencia.[14]

13. American Psychiatric Association, *Diagnostic and Statistical Manual of Mental Disorders.*

14. Raras veces hay etiología física específica: lesiones en la médula espinal o los genitales. "Trastornos del deseo sexual inhibido", *El Manual Merck de diagnóstico y terapéutica*, Argentina, Panamericana, 2014.

03. El cuerpo y la mente aprenden todo lo que se vive en la juventud y lo graban en el mapa como reflejos condicionados: frigidez, vaginismo, dispareunia, anheudonía sexual, eyaculación retardada o precoz, disfunción eréctil, impotencia, trastornos del orgasmo y otros problemas psicosomáticos.

⇨ *Preguntas de participación en grupo*: Leer en voz alta algunas de las investigaciones del trabajo de tarea sobre las disfunciones sexuales.

7. EJEMPLOS DE MAPAS PSICOSEXUALES DISTORSIONADOS

01. En los informes de terapias sexuales se narran cientos de casos de parejas con disfunciones provocadas por antiguas experiencias:

• Un capitán de un ejército que tenía a mujeres secuestradas confesó cómo los soldados abusaban sexualmente de ellas antes de asesinarlas. Después de presenciar esas escenas, llegaba a casa y le resultaba imposible tener intimidad con su esposa, pues al intentarlo recordaba las repugnantes imágenes.

• A un hombre que de joven mantuvo relaciones con una señora sucia y sudorosa le resultaba imposible acercarse a su esposa si antes no se aseaba escrupulosamente.

• Un hombre tuvo relaciones con una prostituta durante su periodo menstrual y se llenó de sangre; posteriormente rechazaba enérgicamente a su mujer cuando menstruaba.

• Una chica tuvo sexo con un hombre soez, mientras escuchaba la lluvia y percibía el olor de una botella de ron. Años después, perdía todo deseo si llovía o percibía un olor similar.

• Una mujer violada, al estar con su esposo, no podía dejar de recordar los detalles de la violación.

02. El cerebro graba las percepciones recibidas y, cuando se repiten, las vincula con recuerdos gratos o ingratos.

03. Es una ley: lo que la mente relacione en materia sexual, consciente o inconscientemente, determina nuestra conducta sexual.

8. PORNOGRAFÍA

01. Aunque algunos terapeutas prescriben ciertas formas de pornografía para ayudar a parejas *casadas* con problemas de orgasmo inhibido, aversión puritana al sexo, ansiedad o hastío crónico, en términos generales la pornografía *daña el mapa sexual*:

• Separa el sexo del amor y del compromiso.

• Lastima profundamente a los niños que la ven. Éstos se vuelven propensos al sexo prematuro, además de confundirlos en su autoestima.

• Minimiza la violación haciéndola parecer algo normal.

• Al mostrar cuerpos esculturales, provoca la sensación de tener un cuerpo desagradable y, en el caso del casado, de que el cónyuge lo tiene.

• Bloquea la comunicación profunda en la pareja.

• Representa la mayor muestra de degradación del hombre, al rebajarlo a la categoría de "animal copulando".

• Es la materia prima de la masturbación obsesiva en los varones.

• Induce la relajación de los principios éticos. Se ha descubierto que *todos* los criminales son aficionados a la pornografía.

• Refuerza el hábito de desnudar con la imaginación a la gente o de recrear fantasías sexuales mientras se charla con personas del sexo opuesto.

02. La pornografía expresa y promueve la violencia contra la mujer.

03. Quienes producen pornografía están vinculados con la explotación sexual, el tráfico de personas y otros actos ilícitos.

04. La mujeres prostituidas en la pornografía terminan su vida con el cuerpo deshecho por maltratos e infecciones, con severos daños psicológicos, siendo adictas a drogas para soportar ese tipo de vida; terminan su existencia en la miseria material, pues esa manera de vivir no les permite hacer una carrera o prosperar en un oficio verdadero.[15]

9. PROSTITUCIÓN

01. La compraventa de servicios sexuales es otra clara muestra de cómo las personas separan sus áreas biológica y espiritual.

02. El comercio de frotaciones y placeres genitales corrompe el valor del ser humano y lacera el mapa psicosexual.

03. Un hombre casado que frecuentaba prostitutas comentaba: "Para lo único que sirven las mujeres es para el sexo; fuera de eso, no doy por ellas dos centavos".[16]

10. PARAFILIAS

01. Los mapas sexuales *muy dañados* arrojan desviaciones llamadas parafilias.[17] Aunque algunas son raras, y todas más frecuentes en varones, para curarlas es necesario psicoterapia a largo plazo. Por desgracia, cada vez hay mayor incidencia de matrimonios con este tipo de problemas:

• *Sadismo*. El individuo se estimula sexualmente y logra el orgasmo sólo provocando sufrimiento físico o psicológico a su pareja.

• *Masoquismo sexual*. La persona se excita sólo si es humillada, atada, golpeada o sometida a alguna forma de dolor.

---

15. Sheyla Jeffrreys, *La industria de la vagina. La economía política de la comercialización global del sexo*, Paidós, México, 2011.

16. Edwin Lutzer, *Cómo vivir con sus pasiones*, Las Américas.

17. Academia Nacional de Medicina, *Enciclopedia de la salud familia,* Nueva Editorial Latinoamericana, Las definiciones están tomadas de El manual de Merck..., cit.

- **Voyeurismo**. El sujeto se estimula únicamente observando a personas desnudas, mientras se desnudan o mantienen relaciones.

- **Fetichismo**. Se emplean objetos para alcanzar la excitación sexual. Los fetiches más usuales son ropa interior, zapatos, pelos o uñas.

- **Travestismo**. Uso de prendas femeninas por varones heterosexuales. Los travestidos se excitan habitualmente vistiendo así; suele agradarles la exhibición pública.

- **Pedofilia**. Preferencia por la actividad sexual recurrente con niños prepúberes (menores de trece años).

- **Exhibicionismo**. Actos de exposición genital a un extraño, con objeto de producirle excitación sexual.

- **Transexualismo**. Personas que adoptan la identidad del sexo opuesto. Generalmente desean cambiar de sexo mediante operación quirúrgica.

11. VEREDA DE IDA Y VUELTA

01. La vida sexual es como un terreno virgen: para atravesarlo, cada persona traza una ruta única y camina marcando su propio surco. Cuando dos personas se casan, entremezclan sus mapas y cada quien lleva al otro a recorrer su sendero.

02. El que ve pornografía de joven deseará verla con su pareja cuando se case.

03. El adicto a la masturbación seguirá masturbándose después de casado.

04. El que se excita sexualmente bajo el efecto del alcohol o de alguna droga querrá seguir usando el método en el matrimonio.

05. El obsceno, violento o mecanizado en sus relaciones íntimas repetirá el esquema con su cónyuge.

06. Todo forma parte de una ruta que se recorrió de ida y se recorrerá de vuelta.

12. ORGÍA

01. Orgía es el acto de compartir simultáneamente parejas sexuales. Son comunes entre drogadictos, y personas con grave promiscuidad.

02. Las orgías aparecen continuamente en las películas pornográficas.

03. Actualmente se organizan orgías "elegantes" entre personas aparentemente cultas.

13. MATRIMONIO ABIERTO (lectura)

Un amigo de viejas juergas nos invitó a mi esposa y a mí a una fiesta de matrimonios abiertos. Llegamos al lugar un poco nerviosos. La psicóloga que dirigía la reunión explicaba las ventajas de abrir la mente a nuevas posibilidades de convivencia, enumeraba los problemas de los matrimonios cerrados y proponía la apertura sexual con otras parejas para enriquecer la vida marital. Se organizó una dinámica de intercambio de cónyuges. Cada nueva pareja practicó un pequeño ritual de apertura. Tomar de la mano a una mujer extraña cuyo marido estaba en la misma sala, de la mano quizá con mi mujer, me provocaba una pervertida excitación. El ambiente era elegante, las personas parecían cultas y ricas. Los ejercicios dirigidos nos condujeron a un juego erótico. El lugar quedó en tinieblas. Yo no podía ver con quién se encontraba mi esposa. Ella tampoco me veía a mí. La coordinadora nos invitó a olvidar prejuicios y a vivir el momento presente. Mi nueva compañera y yo comenzamos un fascinante proceso de caricias íntimas. Nos desnudamos lentamente. Excitados al máximo, a punto de consumar el acto genital, otra pareja, también desnuda, nos interrumpió para intercambiar. Mi pareja ahora no era tan voluptuosa, pero disfruté sus diferencias físicas. Me dejé llevar por las sensaciones de erotismo libre. Cambié tres veces más de compañera. La elegante experiencia terminó en una tremenda orgía. De soltero participé en algunas reuniones similares, no me parecían tan malas. Mi esposa se enfadó conmigo por haberla llevado a ese sitio, aunque creo que secretamente le agradó. Nuestro matrimonio fue de mal en peor a partir de entonces; se rompieron todos los esquemas morales entre nosotros: nos faltábamos al respeto continuamente, veíamos la infidelidad como algo normal, nuestra unión perdió fuerza, nuestro compromiso se volvió una baratija, pero al menos logramos convertimos en un "moderno matrimonio abierto".

14. CONSEJOS DE HOLLYWOOD

01. Cierta chica de un programa de televisión estadounidense aceptaba acostarse con cada muchacho en la primera salida y argumentaba que era una manera *práctica* de vivir, pues a fin de cuentas el cortejo tenía ese objetivo y no merecía la pena perder tanto tiempo si, al final, terminarían haciéndolo.

02. La ideología "liberal" tan difundida por los programas de televisión y películas hollywoodenses impulsa a los jóvenes a tener relaciones sin tanto formalismo.

03. En Europa y Estados Unidos, la mayoría de los solteros cae en el libertinaje sexual. Como es lógico, sus hábitos no cambian con el matrimonio. Los libertinos se convierten en esposos altamente proclives a la infidelidad y a las prácticas sexuales promiscuas.

04. Es una realidad incuestionable: en los países "desarrollados" el ambiente juvenil se ha degradado tanto que resulta cada vez más difícil hallar matrimonios jóvenes exitosos o familias estables.

05. Cuando dos libertinos entremezclan sus mapas, la maraña resultante les impide formar hogares sólidos.

15. SOLEDAD DEL DONJUÁN (Lectura)[18]

¿Sabes?, he triunfado. Me liberé de las ataduras del matrimonio. Me compré un precioso departamento en la playa adonde invito a las chicas más atractivas. Voy y vengo como me place y hago lo que quiero. Sin embargo, hay algo que me molesta y no sé qué puede ser. Todas las mañanas cuando me estoy vistiendo y me miro al espejo me pregunto: "¿Qué gané con el juego sexual de anoche? La chica era guapísima, muy buena en la cama, y se fue sin molestarme, pero, ¿es esto todo en la vida? Además, si mi forma de vida es la que todos quisieran tener, ¿por qué me siento tan deprimido? ¿Por qué estoy tan frío y vacío por dentro?". Yo sé que soy la envidia de quienes me conocen porque piensan que mi vida es fantástica, totalmente libre. Pero, honestamente, te confieso que la odio.

16. LA ÚNICA SALIDA

01. Del libertinaje sólo es posible salir a través de un alto sexual en la confusión y un quebrantamiento en la decepción (véase diagrama).

02. El quebrantado se irrita consigo mismo, se siente aplastado, defraudado, frustrado; la culpa lo asfixia; el anhelo de reivindicarse lo obliga a caer de rodillas y gritar frente al espejo: "¡Ya basta! ¿Qué estoy haciendo con mi vida? ¡No puedo seguir así!".

03. Sólo subiendo a una decepción especialmente dolorosa es posible iniciar la recuperación.

---

18. Joyce Landorf, *Tough and Tender (Fuerte y tierno)*, narrado por Fleming H. Revell, pp. 132-123. (En español, en Edwin Lutzer, *op. cit.*).

❑

Esa noche Efrén y Dhamar seguían un poco molestos. Estaban cenando, sin hablar, cuando alguien tocó a la puerta. Cynthia preguntó por el interfón quién era. Tosió y colgó el aparato casi de inmediato.

Comentó.

—Es Ricardo...

—¿A qué viene? —preguntó Efrén.

—Últimamente ha llamado por teléfono. Es muy insistente. No quiero verlo, papá. Dejemos que siga tocando hasta que se canse y se vaya.

El timbre volvió a sonar.

—Cynthia... ¿crees que podrías hablar tú con él para poner un alto definitivo a todo esto?

Dhamar se mostró en desacuerdo:

—¿Para qué? No debemos obligarla a hablar con él.

—El tipo debe recibir un "hasta aquí" perfectamente claro.

—¡Pues dáselo tú! ¡Cuando Ricardo se dé cuenta de que Cynthia está respaldada por su padre, dejará de molestarla!

—¿Y de qué sirve el curso, si nuestra hija es aún incapaz de solucionar sus problemas? ¿Recuerdas el último paso de la decepción? Se llama *libertad*. Nadie puede alcanzarla si continúa bajo la cobija de sus padres. Tú y yo somos proveedores de armas, pero la guerra es de Cynthia.

—¿Y tú olvidaste que le prohibiste volver a ver a Ricardo? ¿También perdiste la memoria?

—¡No lo he olvidado! Sólo que las circunstancias han cambiado.

Cynthia, enfadada por la discusión de sus padres, salió de casa para hablar con Ricardo.

Efrén salió detrás de la chica.

Cynthia se encontró con su exnovio.

—Te traje este ramo de rosas —le dijo el galán.

—¿No puedes entender que lo nuestro ha terminado? Salí para poner los puntos sobre las íes por última vez. No quiero volver a verte. Haz el favor de retirarte y no regreses jamás por estos rumbos.

—Pero, Cynthia —protestó el hombre con un tono de voz más agudo—, he venido a pedirte disculpas por mis errores y a proponerte algo...

—¿Proponerme *algo*?

—Sé que no me porté bien la otra noche. Pero estoy arrepentido. Quiero que tú y yo vivamos juntos para siempre.

—¿Vivir juntos? ¿Sin casarnos?

—Lo importante no son los términos sino el amor. Tengo un departamento y sé que podríamos ser muy dichosos. Por favor, no te niegues la posibilidad de ser feliz.

Efrén estaba escuchando. Sintió deseos de abandonar su trinchera para cruzarle la cara al aeronauta con un derechazo, pero se contuvo. Es increíble cómo la vida nos devuelve tarde o temprano lo que le hemos dado y nos arrebata lo que le hemos quitado... Años atrás él también propuso a Dhamar algo similar.

—Eres un cínico —contestó Cynthia—. Pretendes seducirme y te encuentras fuera de contexto en mi vida. ¡No sabes cómo pienso ni te interesa saberlo! Podrías seducir a muchas chicas. Sin duda encontrarás a alguien que acepte tus propuestas. Lo nuestro murió. No siento nada por ti.

—¿Cómo? ¿Así? ¿Ya olvidaste la belleza de esa intimidad que vivimos?

—Ricardo, ya no puedes manipularme. Sólo vete.

—Pero...

Cynthia dejó al uniformado con la frase a medias y cerró de un golpe la puerta. Se recargó mientras respiraba una y otra vez, con los ojos cerrados. Temblaba.

TEMA 8
Contagio piramidal venéreo

01. Primera parte de la sesión: **Área biológica**. Exposición por los alumnos del trabajo de investigación sobre enfermedades de transmisión sexual. Entrega de trabajos.

02. Segunda parte de la sesión: **Área conductual**. Exposición de los siguientes artículos.

1. ESQUEMA DEL TEMA

01. Las enfermedades de transmisión sexual (ETS) provienen del libertinaje sexual. Forman parte del círculo de soledad nociva y su única ruta de salida es a través de la confusión y la decepción.

2. DEFINICIÓN

01. Existen diversas infecciones y enfermedades adquiridas por aventuras rápidas, prostitución o cualquier otra forma de libertinaje sexual.

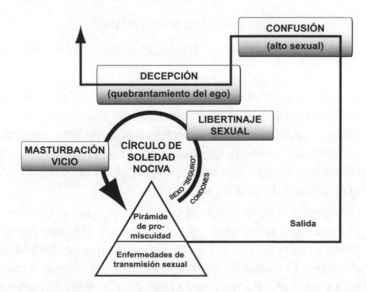

02. Los novios que mantienen relaciones sexuales participan, a veces sin saberlo, en el contagio piramidal venéreo.

03. En los negocios de multinivel, la cabeza de una pirámide recibe el beneficio económico de todos los miembros de su red. Este efecto geométrico se puede aplicar a las relaciones sexuales.

04. Pensemos en una chica *X* que durante su juventud sólo ha mantenido relaciones sexuales con dos novios diferentes. Supongamos que cada uno de sus dos novios tuvo relaciones sexuales con dos chicas además de *X*, y esas dos chicas, a su vez, lo hicieron también con dos novios, respectivamente.

05. Seguramente *X* puede confiar en los dos muchachos con los que se acostó, pero no en las anteriores parejas de las anteriores parejas de sus dos parejas. En realidad sólo tuvo intimidad sexual con dos personas, pero, sin saberlo, pasó *automáticamente* a formar parte de una pirámide:

1

12

1212

12121212

1212121212121212

12121212121212121212121212121212

121212121212121212121212121212121212121212121212121212121212121212

06. En sólo seis escalones se ha creado un grupo de 126 participantes. Se sabe que, en promedio, un joven mantiene relaciones sexuales al menos con tres personas diferentes antes de casarse. También, que por lo general la cadena supera, en cada caso, los diez eslabones. Así, la calculadora nos mostrará el resultado de una pirámide estándar:

07. Un joven que tuvo relaciones con tres personas, quienes a su vez tuvieron relaciones con otras tres, y así sucesivamente hasta el décimo nivel, ha creado un grupo de 88 574 participantes. El riesgo de contagio de una enfermedad como el sida equivale a haber tenido sexo con las 88 574 personas.

08. Este modelo matemático es un ejemplo moderado de lo que ocurre en la realidad. Las pirámides no son tan homogéneas ni tan exactas; en ellas influyen otros factores como edades, tiempos y pasado de los participantes. Lógicamente, si una persona virgen (sin pasado sexual) participa, se cortan los siguientes eslabones en su rama, pero, en contrapartida, si alguien del grupo se acuesta con una prostituta o con un individuo extremadamente libertino, la calculadora deberá usar notación científica para determinar el número resultante.

09. ¿Para qué sirve conocer este fenómeno? Para entender el contagio piramidal.

3. UNA TRAGEDIA CADA VEZ MÁS COMÚN

01. Muchos estudios sanguíneos prenupciales no solicitan la detección del VIH (Virus de Inmunodeficiencia Humana). Como consecuencia, hoy en día existe un creciente número de parejas jóvenes infectadas que tienen hijos con sida.

02. Cuando dos muchachos se unen, quieran o no, llevan hasta su lecho la pirámide de contagios completa de las personas con las que mantuvieron relaciones antes.

4. LA INFECCIÓN QUE VIAJA

01. ¿Cómo se controlan los virus contagiosos de alto riesgo? Cuando la ciencia médica no encuentra vacuna o medicamento, se realiza un proceso de aislamiento. Los infectólogos incomunican a los enfermos y los confinan en determinadas áreas para evitar la propagación del mal. Con su muerte y con la esterilización de la zona se controla la enfermedad.

02. ¿Por qué no se ha hecho algo similar con el sida? El problema real radica en que *en este preciso momento* seguramente están viajando de un país a otro, de una ciudad a otra, de una cama a otra, miles de personas infectadas. El VIH puede alojarse en el cuerpo de alguien durante varios años sin que se presente ninguna manifestación. Así, el individuo puede, sin saberlo, contagiar a *toda su pirámide*.

03. El aumento de casos de sida es alarmante. Se calcula que, por cada diez personas enfermas, de cien a ciento cincuenta han sido contagiadas e, ignorándolo, propagan a su vez el virus.

5. EL VIH

01. El Virus de Inmunodeficiencia Humana es responsable de una enfermedad incurable y fatal que afecta el sistema inmunológico de las personas. Se transmite por contacto sexual, transfusiones sanguíneas sin control, uso de jeringas infectadas o accidentes.

02. El vector (vehículo) es la sangre y las secreciones, pero, como el epitelio que reviste la piel y las mucosas es una auténtica barrera, necesita una puerta de entrada, como heridas o laceraciones.

03. Aunque es seguro vivir con una persona portadora del VIH, tocarla, abrazarla, compartir sus toallas o su comida, e incluso dormir a su lado, es peligroso:

• **Usar su cepillo de dientes**. A veces las encías sangran al momento del aseo y el virus puede alojarse en el cepillo. El peligro reside en que en la boca del receptor tal vez exista alguna pequeña herida que funcione como puerta de acceso.

• **Usar sus hojas de afeitar**. La sangre que se queda en las navajas cuando se produce una pequeña cortada puede entrar de la misma forma en la persona receptora.

• **Tener relaciones sexuales con ella**. El coito es el principal medio de contagio del sida.

❑

En esta sesión, Dhamar y Efrén hicieron algo inusual. La interrumpieron para presentar a una invitada.

El paréntesis provocó cierta tensión.

—Laura es una de mis pacientes —explicó Dhamar—. Le hablé de nuestro curso de conducta sexual y aceptó acompañamos. Quiero que la escuchen sin morbo ni prejuicios. Es una exestudiante universitaria. No viene aquí a amenazarlos ni a buscar compasión. Sólo desea compartir su testimonio.

Dhamar dejó a Laura al frente y caminó hacia la esquina en la que se encontraba Efrén. Rodeó la espalda a su esposo sin poder evitar un nudo en la garganta. En efecto, esa chica era físicamente muy parecida a Cynthia. De cabello largo, grandes ojos negros y facciones espigadas, sólo había algo raro en su aspecto: boca seca, piel rosada y grandes ojeras que el maquillaje no había podido disimular.

Comenzó a hablar en un ambiente de gran expectación:

—Tengo veinte años... No creo que llegue a cumplir cuarenta... —la larga pausa provocó una sensación de incertidumbre. Nadie se movía—. Siempre soñé con ser una excelente profesionista. Estudiaba diseño gráfico. Adoro el arte y anhelaba viajar por el mundo para conocer los museos y monumentos más importantes. También soñaba con una familia. Me gustan los niños y creo que hubiera sido una buena madre y esposa. En mi casa viví el ejemplo de un hogar estable. Anhelaba el mío propio. Ustedes saben. A los veinte años se tiene la cabeza llena de sueños y se cree que todos pueden realizarse... En mi caso, ya no...

La chica se detuvo. Respiró hondo. Los estudiantes se mantenían como petrificados en sus sillas.

—El año pasado, una amiga me invitó a Cancún con su familia. Le pedí permiso a mis padres. Dos días antes de salir, cancelaron el viaje. Yo había arreglado todo, así que no dije nada y me fui sola. Me fascinó el lugar. La arena blanca, las aguas cristalinas. Me tendí en la arena disfrutando esa belleza, cuando se me acercó un muchacho. Me pareció muy apuesto. Dijo llamarse Leonardo. Yo, poco acostumbrada a tratar con desconocidos, quedé embobada ante él, sentí que había perdido mucho tiempo y deseé recuperarlo de repente. Cenamos, bailamos y al día siguiente accedí a subir con él a mi habitación, donde hicimos el amor y descubrí todas las maravillas del sexo. Me enamoré perdidamente. Terminaban mis vacaciones. Me aseguró que la siguiente semana pasaría por mi ciudad y me acompañó hasta el aeropuerto, donde me entregó una tarjeta con su número telefónico y una cajita que, según él, no debía abrir sino hasta encontrarme en mi casa. Apenas subí al avión, quité la envoltura de la caja y levanté la tapa. ¡Dios mío! —hizo una pausa para inhalar y exhalar nuevamente, pero el proceso terminó en un llanto explosivo; concluyó entre lágrimas—: Encontré un ratón muerto y una nota escrita en rojo que decía:... "Bienvenida al club del sida...".[19]

La exclamación de los estudiantes contenía al mismo tiempo ira, asombro, tristeza e impotencia. ¡No podía ser cierto! Parecía el argumento de una película de terror, ¡pero era real! Laura se encorvó hacia delante y estuvo a punto de perder el equilibrio.

—Existe mucha gente resentida con la vida —explicó Dhamar a los estudiantes, dando tiempo a Laura de recuperarse—, personas mentalmente enfermas que se arrastran en una degradación irreversible e intentan hacer caer a otros. La gente con sida merece todo el respeto, porque indudablemente se trata de un flagelo que ataca a niños y jóvenes, como Laura, ajenos a toda maldad. Pero entiéndanlo: al mencionar disfunciones, desviaciones, promiscuidad, vicio sexual y demás, hablamos de algo cotidiano. La sexualidad mal encauzada constituye una agresión contra la naturaleza humana. *Dios perdona siempre; los hombres, a veces; pero la naturaleza, nunca.*

---

19. Laura acudió a algunos medios de comunicación para narrar su historia. Se trata de un caso real, sucedido a una joven de la Ciudad de México. Su testimonio fue publicado en la revista *Eres* el 16 de mayo de 1993.

Dhamar calló. Laura tomó la palabra casi de inmediato. Su tono de voz resultaba mucho más apagado:

—Siempre fui muy buena en los estudios —continuó—, mis profesores me auguraban un futuro exitoso. En el bachillerato ya había elaborado mi carta de objetivos para la vida. Pensé en todo... menos en el sexo. Nunca me impuse metas al respecto. Por eso simplemente me dejé llevar por las circunstancias cuando se me presentó la oportunidad. Amigos... yo no los conozco. Ustedes no me conocen. Estoy tomando una terapia psicológica con la doctora Dhamar para recuperarme de mi depresión. Por eso me atreví a venir. Mis días están contados. Lo único bueno que me queda por hacer es alertar a personas como ustedes. En esta época se vive toda una filosofía de la liviandad. No caigan en ella —se aclaró la garganta—. ¿Cómo les diré? A veces por la mañana despierto con la esperanza de que todo sea un error. Todavía no asimilo por completo lo que me sucede... Vivo una pesadilla que no le deseo a nadie. Pero a mí jamás se me habló claro. Nunca tomé un curso así ni conocí a ninguna joven con VIH...

La voz se le quebró. Se detuvo. Era demasiado tarde para ella. Pero por supuesto, y por fortuna, no para la mayoría de los muchachos de ese grupo.

—Gracias —dijo Dhamar—. Apreciamos mucho tus palabras.

Laura tomó asiento. Efrén terminó de explicar.

7. INFECCIONES DE TRANSMISIÓN SEXUAL

01. Además del sida, existen otras cinco enfermedades venéreas "clásicas": gonorrea, sífilis, chancro blando, linfogranuloma venéreo y granuloma inguinal, pero no son las únicas ni las más frecuentes.[20]

---

20. "Enfermedades de transmisión sexual", *El Manual Merck...*, cit., p. 279

02. Las enfermedades venéreas de incidencia superior que normalmente se ocultan son: uretritis inespecífica o inflamación cervical, tricomoniasis, infecciones por clamidias, candidiasis genital, vulvovaginitis, proctitis, sarna, verrugas venéreas, papiloma humano, pediculosis del pubis, molusco contagioso y herpes genital.[21]

03. Existen otras infecciones que pueden transmitirse también por contagio sexual: salmonelosis, giardiasis, amibiasis, hepatitis A y B e infección por citomegalovirus.[22]

04. Se estima que cada año se infectan de gonorrea en el mundo más de doscientos cincuenta millones de personas. La incidencia de la sífilis es mayor a cincuenta millones al año.[23] Los padecimientos venéreos representan casi la mitad de las enfermedades contagiosas que se reportan en los adultos,[24] aunque la mayoría no se reportan y son mal atendidas.

05. El organismo *NO PUEDE* crear anticuerpos contra los padecimientos venéreos. Alguien que sane de gonorrea un día puede contagiarse, de nuevo, la siguiente semana.[25]

8. OTRO VIRUS PELIGROSO E INCURABLE

01. Virus Papiloma Humano. El **CÁNCER DE CÉRVIX** es el de mayor incidencia en la mujer. Varios son los factores etiológicos que lo producen. Uno es la infección crónica del virus papiloma. En la actualidad, este virus se considera factor etiológico importante de la neoplasia cervical y los carcinomas vaginales.[26] En otras palabras, se ha comprobado una altísima

21. *Ibidem*.

22. *Ibidem*.

23. *Ibidem*.

24. Stephen J. Bender, *Las enfermedades venéreas*, Edutex, San Diego State College.

25. David Barlow, *Qué hay de cierto sobre las enfermedades venéreas*, Edamex, México, p.9.

26. *"Carcinomas cervicales"*, *El Manual Merck...*, cit.

correlación entre la aparición de **PÓLIPOS CANCEROSOS** y el contagio del virus del papiloma.[27]

02. El virus del papiloma humano también es responsable de la aparición de verrugas especialmente grandes, "frondosas" y de aspecto muy desagradable en pene, ano, vagina, uretra, canal anal o boca, en caso de contagio por sexo oral. Suelen brotar en grupos. Para eliminarlas es necesario aplicar sustancias o usar métodos quirúrgicos, pero, aun eliminadas, con frecuencia son recurrentes. Si una mujer infectada da a luz por vía vaginal, el recién nacido suele contagiarse con el virus.

9. SÍNTOMAS DE ENFERMEDADES DE TRANSMISIÓN SEXUAL

01. Muchas enfermedades de transmisión sexual son asintomáticas, pero es necesario acudir al médico de inmediato si existen señales sospechosas:

Comezón en los genitales o alrededor de ellos; ampollas, granos, bultos que revientan, llagas suaves, dolorosas o no; inflamación de los ganglios inguinales; dolor o ardor al orinar; fluidos que salen por el pene; secreciones vaginales blancuzcas, amarillentas o verdosas, con mal olor o sin él; deseos de orinar muy frecuentes; dolor sordo en la zona pélvica; comentarios o insinuaciones de molestias sufridas por una pareja sexual.

02. Ante cualquier sospecha de enfermedad venérea, es preciso acudir al médico de inmediato. No existe otra opción, no se puede postergar, ni dudar. Esconder el problema es un comportamiento sumamente peligroso.

03. En algunos de estos padecimientos, al avanzar a las fases mayores desaparecen los primeros síntomas, el paciente se cree curado y guarda el secreto sin saber que la enfermedad provoca silenciosamente grandes estragos en su organismo.

---

27. David Barlow, *op. cit.*, y Academia Nacional de Medicina, *op. cit.*

10. EL CONDÓN COMO MEDIDA PROFILÁCTICA

01. El condón *debe usarse*; sin embargo, su uso no garantiza una protección total contra contagios venéreos.

02. Por sentido común, no es conveniente confiar ciegamente en los condones. En ocasiones, antes o después del coito, se produce roce o intercambio de fluidos; además, el preservativo puede romperse o zafarse.

03. Es importante saber que los condones naturales son más inseguros que los de látex, que los viejos son más débiles, que el calor debilita sus fibras (un condón guardado en la guantera del auto o en una bolsa caliente conlleva riesgos), que es importante revisar la fecha de caducidad impresa en algunas marcas y que debe manejarse con mucha precaución, siguiendo todas las reglas conocidas para su uso.

11. CONDONES O SOLUCIONES DE FONDO

01. En la sierra de Oaxaca existe una presa abandonada. Cerca de ella, una aldea de nativos fue atacada por cierta plaga de mosquitos especialmente agresivos. Los expertos determinaron que era inútil fumigar el lugar. La plaga sería controlada por el insecticida, pero después regresaría con más fuerza. Los mosquitos provenían de un lirio acuático en la presa. Para acabar con ellos era necesario retirar el lirio, pero éste se formaba por la contaminación del agua. ¿Querían ayudar a la gente, solucionar el problema de raíz? Era preciso descontaminar el agua.

02. El concepto tan de moda llamado "sexo seguro" no es más que una campaña publicitaria para el uso de condones. *Los condones funcionan sólo como solución superficial y temporal*. Pero la plaga sigue ahí, fortaleciéndose, multiplicándose en silencio, en medio de los lirios de la corrupción social.

03. Tarde o temprano los especialistas reconocerán que ante el contagio piramidal venéreo es necesario acabar con la contaminación social.

04. Los negocios más prósperos, fuera de la droga, se relacionan con sexo ilícito: prostitución, abortos, casas de citas, centros de masajes eróticos y pornografía; en las escuelas se promueve el amor libre; no es raro que el gerente seduzca a las empleadas; resulta normal saber de alguien que fue infiel a su cónyuge o que se acostó con otra persona.

05. El condón puede, a veces, constituir una ayuda, pero el problema es otro, es de fondo.

12. UNA ÉPOCA DIFERENTE

01. Antiguamente muchos padres llevaban a sus hijos a "inaugurarse" con prostitutas: "Si mi hijo es varón tiene derecho a destramparse". Sin embargo, en la actualidad se sabe que las pirámides de contagio a las que se incorporan millones de jóvenes crecen y afectan día a día a millones más.

02. El sexo es el don más bello dado al ser humano, el acto más hermoso e íntimo que pueden realizar dos personas. Pero con una salvedad: es para vivirse con la pareja definitiva.

03. La verdadera virtud se encuentra en la fidelidad y la responsabilidad.

CUESTIONARIO PARA REGISTRO (punto 15)

01. Deduce la fórmula matemática para calcular el resultado de una pirámide de promiscuidad, según se aprecia. Si cada participante mantiene relaciones sexuales con cuatro personas, ¿cuál es su pirámide en el séptimo escalón? En el supuesto de que fueran cinco, ¿cuántas personas habrán participado en el noveno escalón?

02. ¿Qué tan seguro es vivir con una persona con sida? ¿Qué precauciones se recomiendan?

03. ¿Cuáles son las manifestaciones externas e internas del virus del papiloma humano?

04. ¿Qué debe hacerse si se cree haber contraído alguna enfermedad de transmisión sexual? Menciona cinco síntomas.

05. ¿Cuáles son las reglas conocidas para el uso del condón?

06. En todo el mundo se ha emprendido una campaña para el uso del preservativo como solución única para el "sexo seguro". ¿Qué otro tipo de campaña recomendarías?

07. Si estuviera en tus manos diseñar algunos anuncios espectaculares o grabar comerciales de radio y televisión para esa campaña, ¿qué frases publicitarias usarías? Menciona al menos dos eslóganes originales.

TAREA (punto 16)

01. Realiza un trabajo de investigación sobre el VIH. Explica su comportamiento en el cuerpo, sus orígenes, los grupos de alto riesgo y los tratamientos descubiertos hasta la fecha.

02. Refuerza la memorización del esquema general del curso.

□

Dhamar llevó a Laura a su casa, mientras Efrén fue a la oficina de la directora.

Lucio había faltado a clases.

Preguntó a la secretaria si la doctora Norma podría recibirlo; por toda respuesta, levantó el auricular del teléfono para consultar con su jefa.

—Puede pasar.

Abrió la puerta con lentitud, sintiendo de inmediato el sofoco de un ambiente encerrado, como si por varias horas, en ese recinto, nadie hubiese salido, entrado o abierto una ventana.

—Echamos de menos a Lucio en el salón —comentó a manera de saludo.

La directora lo miró, asombrada.

—Lucio se encuentra muy mal. No quiere separarse de mí. Tampoco quiere salir...

—¿Por qué?

—Su amigo... Trató de suicidarse... Ese tipo de personas son demasiado sensibles y se deprimen con facilidad.

—¿Ese... tipo?

—Lucio ya no lo veía, había comenzado a cambiar de compañías. El curso parecía estar ayudándole, pero su amigo lo acosaba a todas horas.

Efrén tomó asiento en el sillón para visitas sin pedir permiso.

—¿El amigo intentó suicidarse porque Lucio lo abandonó?

—No sé. Mi hijo fue a verlo al hospital. Hablaron. Cuando regresó, su aspecto había cambiado... Se veía triste, confundido, apocado...

—Me ha dicho que su hijo no quiere salir, pero que tampoco quiere separarse de usted... ¿Significa eso que se encuentra aquí?

Ella lo miró pasmada, como si hubiese descubierto un secreto.

—Lucio, ¿por qué no charlas con el doctor Efrén?

Nadie respondió.

—¡Inténtalo! —continuó hablando al aire—. Tal vez pueda ayudarte. Le interesas. Vino a preguntar por ti —se puso de pie—. Si quieres, yo salgo de la oficina para que platiquen a gusto —se dirigió a Efrén bajando la voz y gesticulando exageradamente—: Está ahí, en el armario. Los dejo a solas unos minutos.

La directora salió. ¡Qué situación tan extraña! Efrén lamentó que Dhamar no estuviera presente. Tardó algunos segundos en reaccionar.

—Tu mamá ya se fue —se animó al fin—. ¿Por qué no sales?

La puerta del armario se abrió. Lucio apareció como una momia recién despertada de su letargo. Efrén le pidió que tomara asiento. Obedeció. Se sentó en el borde de la silla, apretando con las manos sus rodillas.

—¿Por qué no asististe a la sesión de hoy?

—Ya no quiero tomar el curso. Mi amigo es muy celoso.

—¿Celoso? ¿En qué sentido?

—Cree que voy a cambiar.

—¿Y qué hay de malo en eso?

—Yo soy su único aliado. No quiere que lo deje.

—¿Lo invitaste de oyente?

—Sí, pero dice que usted es un idiota lleno de prejuicios moralistas. Conoce su libro y me advirtió que si continúo el curso me convertiré en un mojigato.

—¿Has aprendido algo en las sesiones?

—Sí.

—Bien, Lucio. En el salón tienes fama de coleccionar pornografía impresa... Tu amigo fue quien te aficionó, ¿verdad?

—Sí.

—¿En tu colección predomina la pornografía homosexual e infantil?

—¿Y...? —se encogió de hombros—. Confieso que a veces vemos fotografías y películas de ese tipo, pero los heterosexuales hacen cosas peores que *nosotros*.

—En la soledad nociva todos cometen grandes errores. Heterosexuales y homosexuales. Nadie puede jactarse de ser mejor que otro. El fango se extiende debajo de tus pies. O te mueves rápido y en la dirección correcta o te hundirás con tu amigo.

El joven lo miró, primero asustado y luego irritado. Se puso de pie y comenzó a caminar en círculos.

—¿Por qué todo el mundo nos acosa? Mi amigo intentó suicidarse por eso. Nadie nos comprende. La homosexualidad no es una perversión, es una preferencia. Además, es genética. La traemos, como quien dice, en la sangre. Algunos nacen con otro tipo de peculiaridades. No es culpa nuestra ser así.

Efrén enmudeció. Se dio cuenta de que pocos temas del curso iban a ser tan polémicos. Lo que más le impresionaba era la terrible y alarmante falta de información al respecto. El asunto estaba rodeado de mitos. Muchos jóvenes viven experiencias homosexuales con la creencia de "buscar sus preferencias".

—Lucio, deseo ayudarte, pero no sé cómo. Lo único que se me ocurre es pedirte, por favor, que no faltes a la próxima sesión.

En ese instante la secretaria entró sin tocar.

—¡Doctora Escandón!

—No está aquí —comentó Efrén.

—¿A dónde fue? ¡Hay un problema afuera!

—¿Qué pasa?

—Los estudiantes... Se están peleando en la calle con el conductor de una motocicleta.

—Llame a la policía.

Lucio y Efrén salieron de la oficina corriendo.

La motocicleta tirada en el piso era idéntica a esa en la que se subieron Sonia y Magdalena el día que cambió su suerte para siempre. Impulsado por una sobrecarga de adrenalina Efrén avanzó a saltos hacia donde los jóvenes se arremolinaban gritando y discutiendo. En aquella ocasión no se fijó muy bien en la fisonomía del sujeto, pero mantenía la esperanza de que, si lo veía de nuevo, lo reconocería. Le sorprendió que la trifulca fuera protagonizada sólo por alumnos del curso.

Dhamar y Cynthia se encontraban también ahí. Los jóvenes habían apresado a un chico enclenque y lo sacudían.

—¿Quién te prestó la motocicleta? —gritaba Sonia.

Distaba mucho de parecerse al galán alto que buscaban.

—A ver —Efrén intentó calmar los ánimos—: ¿A qué has venido y de dónde sacaste esa moto?

—Sólo trato de encontrar amigas.

—¿Puede creerlo, profesor? —escupió uno de los compañeros del grupo—. ¡Viene a "buscar amigas"!

—Toma a tus amigas —Sonia dio un paso al frente y lo abofeteó—. ¿Quién te prestó la motocicleta?

El chico aprovechó el estupor que produjo a todos la inesperada bofetada y empujó a sus captores. Corriendo, se abrió paso entre los estudiantes, derribó a Lucio, quien se había atravesado para tratar de detenerlo, y puso en marcha la motocicleta. Alguien lo tomó de la camisa pero no logró pararlo. La fuerza de la moto le ayudó a escapar.

La policía llegó diez minutos después. Aunque encendió su sirena e intentó alcanzar al joven, como es lógico, fue demasiado tarde.

TEMA 9
Homosexualidad

1. DEFINICIÓN

01. La **homosexualidad** es la inclinación manifiesta u oculta hacia la relación erótica con individuos del mismo sexo.[28]

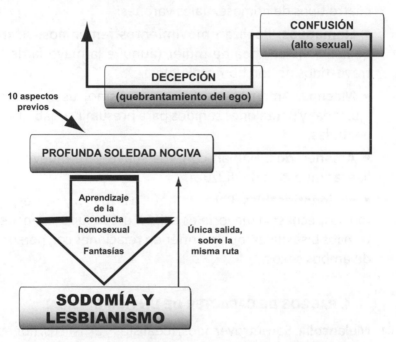

2. LA COMUNIDAD HOMOSEXUAL ES IMPORTANTE

01. Aproximadamente cinco por ciento de la población adulta del mundo posee atracción hacia personas de su mismo sexo. Dos tercios de los homosexuales, incluyendo mujeres, participan también de relaciones heterosexuales. Alrededor de veinte por ciento de los hombres homosexuales y treinta y tres por ciento de las mujeres (lesbianas) se casan. Sólo cinco por ciento de los *gays* poseen aspecto afeminado.[29]

---

28. Real Academia Española, *Diccionario de la lengua española,* 2014.

29. *El Manual Merck*.., cit.

02. Indudablemente, esos millones de seres humanos merecen todo el respeto, derechos y garantías. Pero, ¿por qué son homosexuales? ¿Nacieron así? ¿Es cuestión de hormonas? ¿Son simplemente distintos, aunque normales?

3. ¿CUÁL ES LA APARIENCIA DE UN HOMOSEXUAL?

01. Según uno de los tratados modernos sobre el tema,[30] existen cuatro tipos de homosexuales varones:

- **Llamativos**. Realizan movimientos femeninos, se maquillan y visten ropa de mujer (aunque la mayoría de los travestidos no son homosexuales).

- **Machos**. Amantes del fisicoculturismo, usan camisas ajustadas y pantalones ceñidos para presumir sus abultados genitales.

- **Amanerados**. Hablan con voz suave y se mueven con ligeras muestras de dulzura.

- **No identificables**. Parecen heterosexuales y no despiertan sospechas; la mayoría es así. En este grupo se encuentran los bisexuales, que mantienen relaciones con personas de ambos sexos.

4. RASGOS DE CARÁCTER DE UN HOMOSEXUAL

01. **Melancolía**. Son introvertidos, idealistas y artísticos. Por esta razón tantos homosexuales laboran entre otras actividades en diseño de ropa, peluquería, decoración, música, *ballet*, teatro, letras, cine y actividades semejantes. Su temperamento extremadamente sensible los hace muy propensos a la depresión y a la tristeza.

02. **Vulnerabilidad al rechazo**. Al homosexual le duele mucho el rechazo social y el desaire incluso de los propios homosexuales. Casi todos relatan experiencias dolorosísimas de cuando un amante los abandonó por otro.

---

30. Tim La Haye, *What Everyone Should Know About Homosexuality (Homosexualidad, lo que es, lo que hace y cómo superarla)* Mundo Hispano.

03. **Hostilidad**. Muchos homosexuales tienden a ser explosivos y volubles. Con frecuencia se enfurecen y agreden para después retirarse y echarse a llorar.

04. **Mentira**. La mayoría prefiere ocultar sus preferencias sexuales y adquiere una gran capacidad para engañar.

05. **Infidelidad**. Su vida transcurre en busca de una pareja estable, probando continuamente relaciones nuevas. Algunos alcanzan el número de mil amantes distintos en su vida.[31] Con excesiva facilidad tienen relaciones íntimas con nuevos conocidos. La fidelidad moral es casi nula, incluso entre quienes se unen para vivir juntos.

06. **Búsqueda de lo erótico**. Las lesbianas obtienen placer mediante la masturbación mutua y la estimulación oral de sus genitales. Los varones realizan exactamente lo mismo (un médico informó de la increíble cantidad de homosexuales con sífilis y gonorrea en la garganta);[32] sin embargo, además de la estimulación oral del pene, practican la penetración anal. Al principio la práctica puede resultar dolorosa, pero como el ano posee terminaciones nerviosas similares a las del glande, terminan por sentir placer. En su búsqueda de mayores sensaciones introducen objetos cada vez más grandes al canal anal... Llegan a usar instrumentos sadomasoquistas. Un médico señaló que las personas que han adquirido la habilidad de "recibir el puño" se han provocado infecciones y dañado el esfínter.[33]

5. ¿CUESTIÓN DE HORMONAS?

01. **Caracteres sexuales masculinos**. Los andrógenos estimulan la aparición de vello en la cara, la voz ronca, el aumento de la masa muscular en pecho y brazos, etcétera. El andrógeno más activo es la testosterona, producida en los testículos. Las

31. El número de mil amantes parece exagerado, pero casi todas las obras sobre el tema mencionan este dato, incluso *El Manual Merck*...., cit.

32. Referido por Tim La Haye, *op. cit.*

33. Referido por Tim La Haye, *op. cit.*

mujeres también poseen andrógenos, en menores cantidades, producidos por las glándulas suprarrenales.

02. **Caracteres sexuales femeninos**. Los estrógenos estimulan la aparición de la voz aguda, el ensanchamiento de caderas, el crecimiento de los senos, etcétera. Son producidos sobre todo en los ovarios. Los hombres también poseen estrógenos, en menores cantidades, producidos por las glándulas suprarrenales.[34]

03. En el cuerpo de hombres y mujeres circulan hormonas femeninas y masculinas, entremezcladas; no obstante, en un correcto equilibrio de acuerdo con el sexo respectivo.

04. Después de estudiar la androsterona y el efecto de la terapia con estrógenos se informó en el *John Hopkins Medical Journal* que **cuando se han efectuado análisis a homosexuales sumamente afeminados se han descubierto niveles hormonales normales**.[35]

05. Estudios contundentes han comprobado la **falsedad** de que las lesbianas o los *gays* posean más hormonas del sexo opuesto que del suyo propio.

06. Sólo en el raro caso del hermafroditismo (el bebé nace con los dos aparatos reproductores) se presenta la necesidad de definir el sexo mediante cirugía plástica y hormonoterapia;[36] fuera de esa situación excepcional, no existen pruebas de la existencia de ningún problema de nacimiento; además, se ha comprobado que ni los hermafroditas son homosexuales natos, pues siempre se comportan en relación con el papel sexual, *único*, en el que son educados.[37]

07. El doctor C. A. Tripp, reconocido psicólogo autor de *La matriz homosexual*, declara:

---

34. Academia Nacional de Medicina, *op. cit.*

35. Abraao de Almeida, *Homosexualidad, ¿enfermedad o perversión?*, Florida, Vida.

36. Academia Nacional de Medicina, "*Hermafroditismo*", *op. cit.*

37. Albert Ellis, *Arte y técnica del amor*, Grijalbo.

A través de los años, varios clínicos han administrado testosterona a homosexuales. Los resultados han sido uniformes: cuando hubo modificación de comportamiento, los individuos se volvieron más como sí mismos que nunca. Generalmente les aumentó el instinto sexual y a veces sus amaneramientos afeminados (cuando los tenían), pero NO HUBO MODIFICACIÓN DIRECCIONAL EN SU INTERÉS SEXUAL. Estos experimentos han hecho sumamente claro que las hormonas juegan un papel importante en IMPULSAR la sexualidad humana, pero no controlan su orientación.[38]

08. Abundan varoniles fisicoculturistas, a los que evidentemente no les faltan hormonas masculinas, con preferencias sexuales hacia su mismo sexo. Si se tratara de una cuestión de hormonas, hace muchos años que la homosexualidad hubiera desaparecido mediante la administración de medicamentos que proporcionaran las sustancias faltantes.

09. **UN HOMBRE HOMOSEXUAL POSEE HORMONAS DE HOMBRE. UNA MUJER HOMOSEXUAL POSEE HORMONAS DE MUJER**.

6. ¿Y SI EXISTIERA UN GEN GAY?

01. Los genetistas trabajan continuamente para descifrar los mapas genéticos. Hasta la fecha no hay ninguna evidencia de que exista un gen que predisponga a la homosexualidad, pero supongamos que algún día la ciencia descubriera un gen *gay*. Los genetistas reconocen que si las personas no se dedican, mediante actos específicos, a aprender las facultades que "heredan" éstas jamás se manifestarán.

02. Un joven puede provenir de dos campeones de atletismo. Posee herencia genética, pero no llegará a las olimpiadas a menos que entrene con la misma disciplina con que entrenaron sus padres. Los descendientes de un alcohólico heredan predisposición genética al alcoholismo, pero nunca serán alcohólicos a menos que desarrollen la enfermedad a través de *conductas específicas*.

---

38. Tim La Haye, *op. cit.*

03. Es imposible tener una característica conductual por mucho que genéticamente se posea la predisposición a ella, a menos que se haga "conductualmente" algo por desarrollarla. Los genes sólo indicarían *mayor o menor facilidad* para desarrollar la característica.

7. CONDUCTA HOMOSEXUAL APRENDIDA

01. "La dirección de los impulsos sexuales depende de la manera de pensar y de las actitudes aprendidas del medio ambiente".[39] La clave es el cerebro.

02. Una compleja computadora neuronal almacena programas de comportamiento aprendidos desde la infancia. Somos lo que procesamos en el cerebro.

03. La característica homosexual no es hormonal ni hereditaria, sino un programa grabado en la computadora cerebral, un tema de *conducta aprendida*.

04. En las personas homosexuales suele presentarse este proceso:

PRIMER PASO: PREDISPOSICIÓN

01. Si una persona ha vivido *alguno* de los siguientes puntos, no significa que sea homosexual, sino sólo que es más sensible a *aprender la conducta*. Igualmente, habrá homosexuales que tal vez no hayan vivido varios de los puntos. Pueden ser síntomas de predisposición:

• **Tener un padre distante y una madre dominante**. La típica combinación de padre frío o ausente y madre neurótica que resuelve todos los problemas del niño, lo sobreprotege y lo obliga a depender de ella.

• **Ser criados sin orden**. Crecer sin equilibrio de *amor legítimo y disciplina clara*.

• **Vivir inseguridad respecto a su identidad sexual**. El comentario "debiste haber sido niño(a)" provoca problemas de identidad sexual. La mayoría de las lesbianas travestidas

---

39. Wardell Pomeroy, en Albert Ellis, *op. cit.*

creció con el constante reclamo de "¿por qué no fuiste hombre?".

- **Recibir burlas de compañeros**. Lo único que necesitan los niños sin un ejemplo masculino claro para considerarse afeminados es que sus amigos les digan constantemente "mariquitas".[40]

- **Cultivar un carácter melancólico**. Sensibilidad extrema, romanticismo, introversión, idealismo, melancolía, etcétera.

- **No vivir adecuadamente su segunda etapa infantil**. En los niños existen tres etapas: *Primera etapa, "asexual"*: hasta los seis años aproximadamente; conviven niños y niñas; ambos se disfrazan de mamás o papás; juegan muñecas o cochecitos sin importar el sexo. *Segunda etapa, "sólo amigos como yo"*: de los siete a los trece años, aproximadamente; los niños se separan de las niñas; es común que unos desprecien los juegos de los otros; es la etapa de la *identidad sexual*; si a esta edad un niño juega sólo con niñas, o viceversa, nos encontramos ante una señal de peligro, pues al invertirse esta etapa con frecuencia se invierte también la siguiente. *Tercera etapa, "heterosexual"*: de los trece años en adelante; se aprende la atracción por el sexo opuesto; se comienza a soñar en el noviazgo.

- **Sufrir abuso sexual en la niñez**. La mayoría de los homosexuales ha sufrido incesto, violación o abuso de algún tipo en su infancia.

- **Sentir un interés prematuro por el sexo**. Ver el acto sexual o pornografía promueve en el niño morbo precoz, malicia o asco, lo que suele provocar rechazo subconsciente a las relaciones heterosexuales.

- **Tener en la niñez contacto cercano con homosexuales**. Algunos "reclutan" niños despertando sus instintos de manera prematura: les muestran pornografía, les ofrecen amistad o dinero (si los homosexuales no realizaran este reclutamiento podrían desaparecer ya que no se reproducen). Niños de diez a dieciséis años son entrenados así para

---

40. Deerfield S. I. McMillen, *Ninguna enfermedad*, Vida, Florida.

la prostitución. Se sabe que, en muchas ciudades, existe una prostituta por cada prostituto para homosexuales.

- **Participar en masturbación colectiva.** Generalmente, un chico mayor dirige a los más jóvenes a masturbarse en grupo. La masturbación colectiva para ver quién eyacula más rápido o más lejos es una práctica relativamente común y quienes se reúnen con frecuencia para realizar este tipo de competencias tarde o temprano terminan intentando la penetración anal.

SEGUNDO PASO: FANTASÍAS HOMOSEXUALES

01. El cuerpo puede ser condicionado o dirigido por la mente. Quien, después de la pubertad, aprende a sentir gusto por las cualidades físicas del mismo sexo acabará sintiendo atracción por alguien de su sexo.

02. Los homosexuales que se casan con una persona del sexo opuesto retomarán la vida homosexual *si se siguen permitiendo fantasías*. Las fantasías homosexuales producen apetitos homosexuales.

03. En las cárceles, donde se presenta una gran promiscuidad, muchos hombres son usados como elementos femeninos en relaciones homosexuales, pero al recuperar la libertad vuelven a ser completamente heterosexuales. ¿Por qué? Porque *no llenaron su mente con fantasías* relacionadas con su mismo sexo.

TERCER PASO: RELACIÓN HOMOSEXUAL

01. Este paso y el anterior están muy relacionados y pueden invertirse en orden. Primero la experiencia y luego fantasear, o viceversa.

02. Un muchacho con predisposición sólo requiere *aprender cómo se tienen* relaciones homosexuales *teniéndolas*. La primera vez puede ser forzado a ello.

03. Al pensar que la experiencia no fue en realidad tan desagradable, se cae en el círculo vicioso de homosexualidad física-homosexualidad mental. Entonces, de forma consciente o no, se buscará o provocará un nuevo encuentro con alguien del mismo sexo.

04. Nótese que no existe manera de llegar a ser homosexual sin el permiso *voluntario* de la mente. Las fantasías homosexuales en la intimidad son el punto más crítico de la soledad nociva.

8. LA BATALLA INTELECTUAL

01. Hay muchos homosexuales sumamente inteligentes y capaces. Muchos de ellos se preparan más que los heterosexuales. Trabajan en el arte, en revistas y periódicos, además de incursionar con gran éxito tanto en la política como en la ciencia.

02. Los homosexuales siempre se muestran activos y en campaña intelectual para convencer a la gente de lo positivo de sus prácticas.

03. En carteles al frente de una manifestación en Nueva York se leía: "Exigimos que se legalice el matrimonio homosexual", "Abajo los prejuicios", "Déjennos seguir nuestra naturaleza". ¿Es cuestión de tabúes? ¿Se puede creer que la escena de un hombre penetrando analmente a otro hombre sea natural, cuando sabemos que el ano tiene otra función biológica?

04. El cuerpo masculino y el femenino poseen un diseño perfectamente complementario. Cada uno tiene lo que al otro le falta, y viceversa. Hombre y mujer embonan naturalmente, lo cual significa que fueron creados para las relaciones heterosexuales.

05. La homosexualidad es considerada por algunos como una conducta tan antinatural como las relaciones sexuales entre padres e hijos; lo cierto es que todos los textos sagrados de las grandes religiones están en contra de estas prácticas.

06. La conducta homosexual no es una enfermedad; por lo tanto, no puede curarse. Es una conducta aprendida y sólo puede ser modificada psicológicamente.

07. Cuando un homosexual busca a un consejero, suele ser porque su amante lo abandonó o porque tiene problemas con su esposa, padres o amigos. Pocos desean cambiar. Casi

todos han adquirido una enorme adicción sexual y lo único que anhelan es ser aceptados como son.

08. Los científicos afirman: "Es posible someter a los homosexuales a determinados tratamientos a fin de despertar su interés en las actividades heterosexuales y, en algunos casos, se volverán cien por ciento heterosexuales en orientación y prácticas".[41] "Sin embargo, el tratamiento no está indicado cuando no son ellos VOLUNTARIAMENTE quienes lo solicitan".[42]

09. Una persona podría dejar la homosexualidad si rompe el círculo de "fantasías mentales y prácticas"; si está dispuesta a sufrir un síndrome de abstinencia; si busca ayuda de un grupo, *no de homosexuales*, sino de heterosexuales maduros con gran solidez espiritual; si aprende a amarse a sí mismo; si evita lugares de reunión con *gays* y corta las amistades homosexuales; si vive los pasos de la decepción, para llegar a la soledad edificante.

CUESTIONARIO PARA REGISTRO (punto 17)

01. Menciona algunas estadísticas sobre los homosexuales.

02. En el tema se describen los cuatro tipos de homosexualidad masculina. El lesbianismo manifiesta estilos similares. Cambia las palabras en cada frase para describir los tipos de homosexualidad femenina.

03. Explica los seis rasgos de carácter de un homosexual y cómo se relacionan entre sí.

04. ¿Cuál es la función de las hormonas? ¿Por qué al administrar hormonas no se modifica la dirección de las preferencias sexuales?

05. ¿Qué es un hermafrodita? ¿Suele ser homosexual?

06. ¿Existe alguna alteración genética u hormonal que predisponga hacia la homosexualidad?

07. ¿Por qué la existencia de un gen gay no sería determinante para que alguien fuera homosexual?

41. Albert Ellis, *op.cit.*

42. *El Manual Merck...*, cit.

08. Si la conducta homosexual no es hereditaria ni biológica, ¿cómo se explica?

09. Elabora un resumen de los pasos para convertirse en homosexual.

10. ¿Cuáles son las etapas normales de la atracción sexual en la niñez? ¿Cómo se manifiestan estas etapas en algunos homosexuales?

11. ¿En qué consiste la lucha intelectual de los homosexuales?

TAREA (punto 18)

01. Investiga en Internet las organizaciones en el mundo que ayudan a los homosexuales que así lo desean a revertir sus tendencias.

❑

Durante la exposición, los estudiantes mantuvieron un ambiente de gran concentración. Lucio tosió y se encorvó en la silla varias veces, para erguirse de tanto en tanto. Al final se veía despeinado, como quien ha realizado un gran esfuerzo físico. Sonia, por el contrario, parecía serena. Había escuchado con enorme atención, como si al frente se explicasen las instrucciones para sobrevivir a la destrucción del mundo.

Dhamar regresó a su consultorio. Efrén se quedó un rato más. Vio a Lucio solo, tomando un refresco en la cafetería. Se acercó a él:

—¿Puedo sentarme?

—Claro.

—¿Estás molesto?

—No. Sólo que siempre he vivido confundido.

—Y ahora más.

—Así es... Existe, como usted dice, mucha información contradictoria. Podemos elegir la versión que se amolde mejor a nuestra conveniencia... Lo que se acaba de exponer... —hizo una pausa—, no me agrada. A la mayoría de los homosexuales no le agradará, pero brinda una pauta de lo que nos ocurre.

—Me halaga que pienses así.

—A mí me mortifica. Tengo miedo. El reto de cambiar... Usted me entiende...

—¿Cómo se encuentra tu amigo?

—Mal. Él siempre está mal.

—Seguramente tiene su propia historia.

—Sí. Coincide con la mía en algunos de los puntos que estudiamos. A los siete años vio a su mamá practicando el acto sexual con un hombre que llevaba películas pornográficas a su casa. Desde niño se familiarizó tanto con ellas que comenzó a coleccionarlas y a buscar cosas cada vez más fuertes, hasta que encontró material homosexual. Es un hombre muy apuesto, las mujeres se derriten por él, pero vive una doble vida. En el fondo odia a las chicas y odia a su mamá. No es amanerado, pero sí voluble.

—Me comentó la doctora Norma que intentaste dejarlo.

—No pude.

—¿Te amenaza?

—Me manipula emocionalmente.

—¿Y por qué no le hablas claro? ¿Por qué no le demuestras con firmeza tus nuevas convicciones?

Bajó la cabeza.

—Yo no tengo nuevas convicciones. Siempre he sabido que estoy mal, pero no puedo evitarlo. Las mujeres no me llaman la atención. Estoy enamorado de él... Me ha dañado mucho y lo odio, y a la vez no puedo dejar de amarlo. Es desesperante. Sé que no me conviene, porque está medio loco, pero quisiera ayudarlo. Necesita mucha ayuda. Es un buen muchacho...

Efrén permaneció como envuelto por una cubierta pegajosa mirando a Lucio, imposibilitado para moverse.

—Lo que pueda hablarse en un curso —comentó con voz baja— es sólo palabrería, a menos que intentes llevarlo a tu contexto real y aplicarlo...

—No puedo —contestó—. He caminado toda la vida hacia un rumbo determinado; en el curso se dijo que la única salida es regresar sobre la misma ruta. Yo no me creo capaz de desandar el camino. En alguna ocasión traté de saber qué era el sexo con mujeres, pero las chicas me decepcionaron. No conozco a ninguna mujer sincera. Las únicas caricias gratificantes las he vivido con hombres... Sobre todo con mi amigo...

Efrén entendía lo difícil que es cambiar para un homosexual. Sintió deseos de estrechar al chico como si fuera su hijo, pero se contuvo pensando en que su gesto podía ser malinterpretado. Luego rectificó tan absurdo razonamiento y se inclinó sobre la silla para abrazarlo. Lucio aceptó el abrazo y comenzó a llorar en su hombro con verdadero dolor.

Efrén no podía ser el modelo masculino del que careció; no obstante, sí le era posible ser su amigo, y amigos, en la definición más básica, son las personas que se aceptan tal como son...

Dejó a Lucio en la cafetería y caminó por el pasillo con la mente envuelta en una vorágine. Repentinamente una chica comenzó a gritar de manera desquiciada, corriendo desde el fondo del edificio.

—Auxilio. ¡Por favor! ¡Por lo que más quieran!

—¡Cálmate! ¿Qué ocurre?

—¡Por lo que más quieran! —lloraba como si tuviese un cuerpo extraño atorado en la tráquea—. ¡Que alguien la ayude!

—¿Que ayude a quién? ¿Qué rayos sucede?

—¡Sonia! Llamen a una ambulancia —señalaba hacia los sanitarios con el índice.

Efrén corrió con algunos jóvenes hacia el lugar.

—¡No puede ser! ¡No *aquí*! —exclamó otra muchacha.

—Dios mío...

La amiga de Magdalena se encontraba sentada en el piso, en medio de un charco de sangre.

Unos chicos fueron a avisar a la directora. Efrén llegó hasta la chica.

—¿Qué te pasa? —le preguntó agachándose para examinar la herida.

—Alguien me clavó una navaja en la pierna.

En efecto. El arma estaba tirada a unos pasos. Parecía que le hubiesen cortado alguna arteria pues la hemorragia no cesaba. La situación distaba mucho de parecer una broma estudiantil. Todos se miraban. O el criminal había entrado a la universidad mezclándose con ellos sin ser reconocido, o uno de los propios alumnos era cómplice de la banda responsable del asesinato de Magdalena.

Unos minutos más tarde llegó la directora. Poco después, la ambulancia. Sacaron a la chica en una camilla. Sangraba copiosamente y se quejaba.

Los padres de Sonia, Dhamar, Cynthia, un buen número de estudiantes y Efrén pasaron la tarde en el hospital. Lucio también se encontraba ahí. Sabían que, de alguna forma, todos peligraban.

La herida de Sonia era profunda pero no grave. Los médicos la suturaron y decidieron mantenerla en observación durante veinticuatro horas.

Comentó que lo único que lamentaba era no poder asistir a la siguiente sesión. El interés general había crecido tanto que los muchachos querían participar en el curso. Dhamar le aseguró que ella le explicaría personalmente el tema. Sonia se lo hizo prometerlo.

TEMA 10
Espera edificante

1. DIAGRAMA DEL TEMA

01. La espera edificante conduce a la dignidad y al noviazgo constructivo. Constituye el punto de partida ideal para aquellas personas con una cultura sexual completa. Por desgracia, en esta época pocos jóvenes inician aquí. A la espera edificante llegan, casi siempre, después de vivir confusión y decepción.

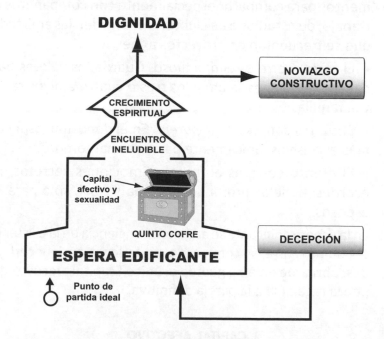

DIGNIDAD

NOVIAZGO CONSTRUCTIVO

CRECIMIENTO ESPIRITUAL

ENCUENTRO INELUDIBLE

Capital afectivo y sexualidad

QUINTO COFRE

DECEPCIÓN

ESPERA EDIFICANTE

Punto de partida ideal

2. DEFINICIÓN

01. Se llama **espera edificante** un estilo de vida en que la persona ya no busca la felicidad fuera de sí, sino en su interior, en un acto continuo de reflexión y fortalecimiento del espíritu.

02. En la espera edificante se siembra la semilla de la dignidad y se inicia la limpieza del mapa sexual.

3. METÁFORA DE LOS CINCO COFRES

01. Imaginemos que cada ser humano posee cinco cofres para guardar sus valores. Como es imposible dar lo que no se tiene, la riqueza almacenada en esos cofres determina la calidad y cantidad de lo que se puede compartir con los demás.

02. Naturalmente, en la vida hay asuntos más valiosos que otros. Por eso pueden clasificarse según su importancia.

• El **primer** cofre es el *social.* En él se guardan las ideas y formas que se usan en la convivencia diaria. Todos nuestros conocidos tienen fácil acceso a ese primer cofre.

• El **segundo** cofre es el *amistoso.* En él se guardan elementos para compartir especialmente con compañeros de trabajo, de estudios o de clubes. A él acceden las amistades que se frecuentan en proyectos afines.

• El **tercer** cofre es el *afectuoso.* Guarda los valores para dar sólo a quienes se ama: los tres o cuatro amigos reales y la familia.

• El **cuarto** cofre es el *de pareja.* En él depositan aspectos más exclusivos, únicamente para los enamorados.

• El **quinto** cofre es el *íntimo.* Emociones secretas, recuerdos, anhelos profundos y mapa sexual, sólo para los esposos.

03. En la espera edificante se adquiere conciencia de la existencia del quinto cofre, se comienza a cuidarlo y a enriquecerlo, al descubrir que en él se guarda el único "capital afectivo" que podrá regalarse a la pareja definitiva.

4. CAPITAL AFECTIVO

01. Cuando dos personas se casan, unen sus quintos cofres en uno solo, embonan sus mapas sexuales y realizan una valoración de su *capital afectivo*.

02. Si el capital afectivo es grande, la relación es fuerte, pues ambos poseen mucho por qué luchar.

03. Si el capital afectivo es pequeño, la relación es débil, ya que no existen cosas comunes que conviertan esa unión en algo especial.

5. DEPÓSITOS Y RETIROS DE CAPITAL

01. El quinto cofre se asemeja a una cuenta bancaria en la que se realizan depósitos y retiros. La pareja debe cuidar, toda la vida, esa *cuenta*.

02. Cuando un esposo grita, falta al respeto o incumple la ética del compromiso conyugal, se produce un *retiro de capital afectivo*.

03. Cuando un hombre muestra detalles cariñosos, regala flores a su esposa sin motivo alguno o es amoroso y considerado, se produce un *depósito al capital*.

04. Las parejas se divorcian cuando han hecho más retiros que depósitos. Se divorcian cuando su saldo está en rojo y no les queda nada por qué luchar.

05. Lo interesante del capital afectivo es que comienza a formarse desde mucho tiempo antes de conocer a la pareja definitiva.

6. LA JOYA DE LA SEXUALIDAD

01. ¿Por qué es tan difícil perdonar una infidelidad sexual? ¿Por qué es tan valioso reservar la sexualidad para la pareja definitiva? Porque la sexualidad es el valor más grande del quinto cofre, el aspecto más íntimo y personal que se puede compartir.

02. Cuando el ser humano confunde la joya de su sexualidad con genitalidad, pierde conciencia de su valor y tiende a regalarla a cualquiera que pase cerca (como lo harían un gato o un mandril).

03. No valorar la sexualidad se traduce en retiros de patrimonio del quinto cofre, un acto tan incoherente como tirar el dinero para luego pedir limosna, o patear la comida para después morirse de hambre.

7. LA RESTITUCIÓN DEL CAPITAL PERDIDO

01. La mayoría de las chicas o chicos que han vivido la soledad nociva suele caer en una espiral de relaciones sexuales sin fin. Piensan que, después de todo, ya no tienen nada que perder. Pero se equivocan.

02. El éxito de la relación definitiva futura depende de que el joven se detenga en la *espera edificante* y comience a hacer refulgir sus valores, en vez de seguir repartiéndolos y abaratándolos.

03. Quien ha mantenido relaciones sexuales en el noviazgo, necesita cortar los encuentros íntimos hasta que se consume el compromiso matrimonial. Así fortalecerán el quinto cofre, los conducirá a la dignidad sexual y dará a la relación la posibilidad de vivir a largo plazo.

8. CHICAS FÁCILES EN UN MUNDO MACHISTA

01. Una mujer sexualmente fácil se etiqueta como la persona adecuada para jugar y divertirse con ella. Una chica sexualmente difícil se etiqueta como la persona ideal para una relación más seria y duradera.

02. Los hombres dicen a la muchacha con la que quieren tener relaciones sexuales que hacerlo es una muestra de modernidad y madurez; mas, secretamente, desean casarse con otra que tenga un mapa sexual limpio y anhelan un quinto cofre lleno de riqueza.

9. CASÁNDOSE CON EL MAPA SIN LIMPIAR

01. Muchos varones de ideología "liberal" aseguran que no les importaría casarse con una mujer con extensa experiencia en el campo sexual, pero la naturaleza masculina los impulsa a ser líderes únicos de su pareja.

02. Al compartir el capital afectivo, el varón puede sentir **CELOS RETROSPECTIVOS**, atormentarse al imaginar las experiencias sexuales que vivió su pareja y pensar mil tonterías, como "¿en brazos de quién habrá tenido sus primeras (y más emocionantes) relaciones?", "¿no recordará, al tocar mi cuerpo, el de otro hombre que la haya hecho vibrar antes?", pensamientos absurdos aunque dolorosos, a los que muchos nunca se acostumbran.

10. SI ESTUVE EN SOLEDAD NOCIVA, ¿DEBO OCULTARLO?

01. Cierta joven preguntaba en una carta: "Tengo un nuevo novio al que quiero mucho; si le comento que me he acostado con otras personas, voy a despertar en él celos retrospectivos; además, tal vez ya no me respete igual. ¿Qué debo hacer?".

02. La honestidad es uno de los valores más importantes en la pareja. Si una persona no es honesta desde el principio, depositará basura en el quinto cofre y condenará a muerte la relación.

03. El novio puede desilusionarse o sentir celos retrospectivos, pero ella debe decir la verdad de cualquier forma; y cuanto antes, mejor. Si entre ellos existe amor, juntos enriquecerán de nuevo sus cofres, él aprenderá a amarla tal como es, con sus virtudes, sus defectos y su pasado.

11. VIRGINIDAD Y ESPERA EDIFICANTE

01. El himen representaba antiguamente la espera edificante. Por eso era tan preciado. En la actualidad se sabe que esa membrana no posee en sí ningún valor. Es como un cheque. El papel no vale nada, lo que vale es cuanto representa. No obstante, cada vez son más comunes los cheques sin fondos.

02. Algunos padres "modernos" y libertinos realizan una incisión quirúrgica en el himen de sus hijas para que vivan sin ese "prejuicio social". Ciertas mujeres conservan el himen (para llegar "vírgenes" al matrimonio) manteniendo relaciones por vía anal u oral. Por otro lado, algunas lo han perdido practicando ejercicio o en una caída.

03. En realidad, lo valioso de una mujer o de un hombre no es una membranilla sino un mapa sexual limpio en un quinto cofre lleno de riquezas.

04. La virginidad no necesariamente da valor a la persona; sólo la espera edificante lo hace.

05. Quien haya tenido relaciones sexuales puede volver a ser virgen (reconstruir su quinto cofre) en la espera edificante.

12. COMERSE JUNTOS EL MERENGUE

01. El reto de la espera edificante también es para los hombres. Quienes respetan a la mujer y su sexualidad son verdaderos hombres, de los que cada vez hay menos. El hombre que aspira a hallar una compañera virtuosa debería aprender a esperar por ella.

02. El sexo es como un pastel de cumpleaños. No conviene comerse el merengue antes de llegar a la fiesta. Vale la pena partir juntos el pastel, servirse una rebanada y comerlo unidos disfrutándose mutuamente.

13. ENCUENTRO INELUDIBLE

01. En la espera edificante el ser humano vive momentos de introspección muy profundos. Percibe que necesita un propósito en la vida, reclama su razón de existir, reconoce su necesidad de servir, amar y trascender.

02. En la espera edificante la persona se percata irremediablemente de un vacío interior; entonces se introduce en las profundidades de su ser en busca de la paz que tanto anhela. Así encuentra a Dios.

03. El encuentro espiritual puede ser tan demoledor que obligue a la persona a cambiar de forma de ser y pensar.

04. Si hubo errores sexuales en el pasado, quedan borrados; si hubo confusión, soledad nociva o decepción, las heridas quedan sanadas.

05. El Poder Superior puede restaurar los mapas sexuales más dañados. En la espera edificante, la persona recupera su riqueza interior y el cofre se llena de valores, principios, conceptos positivos y fuerza espiritual.

14. LA MIRADA DE DIOS (lectura)

Éste era un joven que había caído en libertinaje sexual. Se sentía vacío, miserable. Experto en amores, no conocía el amor. Siempre se había burlado de ese sentimiento "ciego", asegurando que era sólo para mujeres y bobos idealistas; no obstante, ya no quería burlarse, ya no podía hacerlo. Estaba harto de pornografía, masturbación y aventuras rápidas. Deseaba contar con alguien a quien respetar y amar honestamente, con quien compartir los momentos alegres y los tristes, con quien permanecer juntos en la adversidad, a quien brindar una frase de consuelo, de ánimo, de apoyo. Ansiaba conocer a una mujer a quien entregar el alma y el corazón sin condiciones, sin fingir más; sobre todo, una mujer dispuesta a entregarle también su alma y no sólo su cuerpo... Pero, ¿cómo conocería a una chica así? ¿Dónde la hallaría? Y si la encontraba, ¿cómo ganaría su respeto?, ¿cómo lograría que lo amara?, ¿cómo cambiaría su pasado?, ¿cómo eliminaría los profundos surcos de su mapa sexual?, ¿cómo haría "cuenta nueva" en una vida tan lastimada?

Acudió a un psicólogo por varios meses, pero desistió. Su dolor era tan profundo e íntimo, tan suyo, que sólo Dios lo entendería. ¿Dios?

En su habitación buscó hablar con Él, pero le fue imposible. Era mucho el daño causado a tantas chicas, el cariño fingido a cambio de placeres genitales; había dado tantas veces la espalda al amor verdadero; se había burlado de la religión. Se sentía vacío y miserable.

Pensó en salir de la habitación y hablarle a cualquier chica para pasar con ella esa noche, pero apenas comenzó a marcar el teléfono sintió deseos de volver el estómago. La idea del suicidio lo tentó. Fue al librero en busca de una navaja. Comenzó a arrojar objetos al suelo. La soledad lo asfixiaba. De pronto se detuvo. Frente a él se encontraba un voluminoso libro negro. Una Biblia vieja y polvosa. Nadie en su casa la había abierto en años. Durante mucho tiempo la usó para sustituir una de las patas de su cama en la que tenía relaciones sexuales con mujeres. Tomó el libro en sus manos y le dio un par de golpecitos. Una nube de polvo se levantó. Tosió. Abanicó con la mano el aire y se acercó a una silla. El ambiente le pareció lúgubre a través de las minúsculas partículas de polvo. Todo a su alrededor le recordaba lo indigno que era. Estaba hundido en el fango.

Abrió el Libro por primera vez en su vida. Al azar.

Frente a él apareció un pasaje del Evangelio donde Pedro negaba tres veces a Jesús. Al momento en que por tercera vez gritaba: "¡No lo conozco, no sé de quién me hablan, déjenme en paz!", Jesús pasaba por ahí y miró a Pedro. Entonces Pedro, al ver su mirada, salía corriendo y rompía a llorar abiertamente.

Cerró la Biblia y se preguntó: ¿cómo habrá sido la mirada de Jesús hacia Pedro? ¿Habría reproche en ella? ¿Habría amenaza, enojo, frustración? ¿Qué le habrá querido decir con los ojos? Tal vez: "Te advertí que me negarías" o "¿ya lo ves? Eres un traidor".

Tenía miedo de volver la vista hacia arriba.

¿Qué más daba? Igual que Pedro, ¿qué más podía perder? Al fin se atrevió y levantó la vista de su imaginación con humildad, con el alma quebrantada, con el espíritu sediento de perdón.

Un escalofrío recorrió su cuerpo al entender que Dios lo miraba... pero no con odio, no con coraje, no con reclamo. Los ojos del Señor estaban exentos de reproche o exigencia. Se limitaban a decirle, en silencio, lo que en silencio, seguramente, le habían dicho a Pedro:

"Te amo".

Se puso de pie. Quiso protestar.

"Pero, ¿cómo puedes amarme, si yo he hecho tanto daño, si he fingido amor, si he lastimado a muchas chicas...?".

Levantó la cara despacio. Se quedó mirando fijamente y ahí seguía el mismo mensaje...

TE AMO...

Entonces, igual que Pedro, salió corriendo y lloró amargamente.

Fue un morir y volver a nacer. Una dolorosa cirugía espiritual que lo convirtió en un hombre nuevo.

Su mapa psicosexual comenzó a limpiarse.

CUESTIONARIO PARA REGISTRO (punto 19)

01. Dibuja de memoria el esquema de la espera edificante.

02. Escribe el nombre de algunas personas con quienes compartas actualmente lo que posees en cada uno de tus cinco cofres.

03. ¿Qué es y cómo se incrementa el capital afectivo?

04. Según el punto 6, ¿por qué es tan valioso guardar la sexualidad para nuestra pareja definitiva?

05. Define *virginidad genital* y *virginidad real*.

06. ¿Por qué muchas chicas genitalmente vírgenes no son vírgenes en realidad? ¿Cómo puede una mujer que ha perdido la virginidad genital volver a ser realmente virgen?

07. ¿Por qué merece la pena, también para los hombres, guardar su sexualidad?

08. ¿Qué son los celos retrospectivos?

09. ¿Cómo se puede limpiar el mapa psicosexual?

10. ¿Qué intenta decir Dios a los jóvenes que han vivido soledad nociva?

TAREA (punto 20)

01. Realiza un trabajo de investigación sobre la unión libre, sus implicaciones y consecuencias.

❑

La directora tocó a la puerta del aula. La acompañaban dos investigadores. Efrén salió.

—¿Cómo van las cosas?

—Mejor. Hemos localizado la motocicleta. Nos dirigíamos a realizar una inspección en el edificio donde se encuentra, pero preferimos pasar antes por aquí. Necesitamos que nos acompañe alguien que pueda reconocer a la persona que buscamos.

—Sonia no está.

—Lo sabemos... En realidad venimos por usted.

—¿Por mí? Pero yo sólo vi al joven de lejos. Tal vez me resulte imposible identificarlo.

—Eso es mejor que nada. Además, se trata de que él no lo reconozca a usted. Vamos, es tiempo de que empiece a cooperar más con nosotros.

Avisó a Dhamar que se iba.

—Es una emergencia —le dijo.

Ella se quedó con los estudiantes y Efrén salió detrás de los inspectores.

Llegaron a un local donde se veían decenas de motocicletas iguales.

—Esto es una broma, ¿verdad?

—No, señor Alvear. Las motos que usaron tanto el hombre que se llevó a las chicas al motel como el joven que sus estudiantes detuvieron, eran rentadas.

—Caramba... ¡Será como buscar una aguja en un pajar!

—Hemos comenzado a investigar en los registros de la arrendadora, pero algo nos incomoda. Verá. El negocio lo atienden varios muchachos... Un grupo de amigos que usan las motocicletas sin registrarse como clientes.

—Y quieren que yo les eche un vistazo —supuso.

—Exacto. Es evidente que se conocen entre ellos y encubren sus pillerías. ¿Qué otra explicación hay de que el chico enclenque haya preferido huir, arriesgando su vida, antes de delatar el sitio donde obtuvo la motocicleta?

No necesitaba más explicaciones. Efrén abrió la puerta del coche y cruzó la calle con pasos largos. Había comprendido la estrategia. Para Sonia era imposible presentarse fingiendo interés por rentar un vehículo, pues, si el homicida se hallaba presente, la reconocería de inmediato, pero no para Efrén.

Abrió la puerta de cristal; sonó una campanilla. El lugar era amplio y sucio. Semejaba el taller mecánico de fanáticos que convierten las peores chatarras en autos deportivos.

Dos jóvenes altos, con las manos llenas de grasa, se acercaron.

—¿Desea algo?

—Quiero rentar una motocicleta.

Uno de ellos le dio el precio y recitó las condiciones. El otro caminó hasta situarse a su espalda.

—To... ¿todas las motos son iguales?

Un chispazo de inteligencia se encendió en la mirada del que daba informes.

—Sí, todas son iguales.

Efrén intuyó que lo habían descubierto; caminó directo hacia la pared para mirar de cerca una fotografía: se trataba de varios muchachos subidos a horcajadas en las motos del local, haciendo señas obscenas con los dedos.

—¿Qué busca?

Pensó en lo conveniente que sería que Sonia echara un vistazo a esa fotografía. Cualquiera de los jóvenes retratados podía ser el sujeto que buscaban.

—Voy a pensarlo —dijo refiriéndose a la renta del vehículo y salió.

Esa tarde dieron de alta a Sonia. Entre la comitiva de recibimiento destacaba Lucio, quien parecía haber recuperado el aplomo. Efrén le preguntó qué había pasado con su "amigo":

—Ya está mucho mejor. Mi mamá le ha permitido vivir temporalmente en casa. Así podremos ayudarlo y vigilarlo para que no vuelva a cometer una tontería.

—En pocas palabras, decidiste vivir con él.

—Mire... —cambió el tema de la charla—, ahí está Sonia.

En efecto, su condiscípula cruzó la puerta de salida acompañada de una enfermera. Venía vestida y arreglada como si se tratara de un festejo. Caminaba despacio, pero con gesto radiante. La sonrisa inundó su cara cuando descubrió que Dhamar, Cynthia y Efrén se encontraban en primera fila para recibirla. El abrazo más fuerte fue para Dhamar. Los padres de la chica se hallaban también ahí. Vigilaban al grupo tres policías. Sonia se asió a los brazos de Efrén y Dhamar y se apartó con ellos. Les dijo.

—Ustedes me ayudaron a levantar la demanda, me han dado terapia... consejos y, sobre todo, me obligaron a enfrentar el problema con mis padres. Estos días, en el hospital, he reflexionado mucho: son los únicos amigos verdaderos que tengo. Pronto me iré y quería darles las gracias...

—¿Adónde te irás? —preguntó Dhamar.

—A otra escuela. Ya no soporto las críticas de las mujeres y las miradas morbosas de los hombres en la universidad. He pensado mucho sobre el sujeto que me agredió y... até algunos cabos... Creo que el asunto de Magdalena no fue obra de un psicópata espontáneo sino de alguien que planeó vengarse de ella y de mí...

Efrén la miró. ¿Quién era realmente esa chica? ¿Qué había detrás de sus múltiples aventuras amorosas? ¿Cuántos amantes enojados tendrían motivos para saldar alguna cuenta pendiente con ella y con Magdalena?

—Es lógico que intentes huir de toda esta suciedad —se aventuró Efrén—, pero en vez de eso deberías tratar de realizar una limpieza interior... Tú sabes...

—Para limpiar mi quinto cofre debo sacar de ahí el cadáver de Magdalena.

—¿Cómo?

—Tengo que rectificar algunas cosas, pero le anticipo que usted es el único que puede ayudarme.

TEMA 11
Matrimonio

1. DIAGRAMA DEL TEMA

01. El matrimonio proviene del noviazgo y de las caricias afectivas.

02. Un buen matrimonio dignifica a la pareja.

03. Un matrimonio mal llevado puede arrojar a las personas a la más terrible confusión y a la decepción más profunda.

DIGNIFICAR A LA PAREJA

CARICIAS Y NOVIAZGO →

MATRIMONIO
4 ruedas
Verdadero amor libre
Fusión en los hijos

Buscar la madurez,
no la felicidad

fracaso conyugal

CONFUSIÓN Y DECEPCIÓN PROFUNDA

2. DEFINICIÓN

01. El matrimonio es la unión del hombre y la mujer concertada mediante un compromiso legal por el cual se ligan de por vida en promesa de ayuda mutua, amor, respeto y fidelidad.

3. DOS NOTICIAS

01. El único lugar digno para el crecimiento de los niños es una familia afectuosa. El anhelo más grande del ser humano es un hogar feliz.

02. Vivir en una familia con maltrato, frialdad, vicios o infidelidad daña a sus integrantes, los inhibe y les impide crecer. Lo más amargo que puede sucederle a alguien es vivir en un hogar disfuncional.

03. Dos noticias: una buena y una mala. La buena: el matrimonio es para toda la vida. La mala: el matrimonio es para toda la vida.

4. LAS CUATRO RUEDAS DEL MATRIMONIO

01. Casarse se asemeja a emprender un viaje alrededor del mundo. Para evaluar las posibilidades de éxito **antes de casarse**, es preciso responderse cuatro preguntas:

PRIMERA: ¿NOS ATRAEMOS FÍSICAMENTE? ¿Experimentamos magnetismo, enamoramiento, pasión corporal? Si con el tiempo alguno de los cónyuges abandona su cuidado físico para agradar al otro, si se vuelve sucio, tosco o grosero, la rueda pasional se avería y el vehículo se estanca.

SEGUNDA: ¿ME CONVIENE COMO PAREJA? En la expedición, ¿será una carga o una ayuda? ¿La persona es física y mentalmente sana, trabajadora, ingeniosa, decidida, agradable, posee recursos económicos, es responsable e independiente de sus padres? Esta segunda rueda puede averiarse y estancar el vehículo si uno de los cónyuges se niega a cumplir sus responsabilidades, si adquiere un vicio, comete fraudes, es encarcelado o se vuelve destructivo. Los conflictos por falta de dinero se originan en esta rueda.

TERCERA: ¿NOS COMUNICAMOS BIEN? ¿Es interesante conversar con mi compañero de viaje? ¿Nos complementamos intelectualmente, nos comunicamos con fluidez, somos espiritualmente afines, compartimos los mismos anhelos? ¿Nuestra convivencia es constructiva pues aprendemos uno del otro? Si en el matrimonio se pierde el gusto por charlar y compartir sentimientos, si el cónyuge ve la televisión en exceso, si se niega a escuchar, se vuelve egoísta o abandona su preparación intelectual o espiritual, la tercera rueda se daña y estanca el vehículo.

CUARTA: ¿ESTOY DECIDIDO A AMAR A ESA PERSONA? ¿He involucrado al máximo mi voluntad? ¿Poseo una conciencia de renuncia al pasado, acepto que nada volverá a ser igual, que todo lo propio será de mi compañero(a), que mi tiempo, dinero y bienes los compartiré con él o ella de por vida? ¿He tomado esa decisión libremente, sabiendo que implica sacrificios, amor incondicional y entrega total sin reservas? Si en el matrimonio sobreviene la apatía, la soberbia o la nostalgia por la soltería, sobrevendrán los maltratos, los desprecios e incluso la infidelidad. El verdadero amor es producto de la voluntad y no del romanticismo.

02. Como puede verse, antes de emprender un viaje de tales magnitudes es imprescindible revisar con gran cuidado las cuatro ruedas del vehículo.

5. SEXO EN FUNCIÓN DE LOS CUATRO ELEMENTOS

01. Si en una pareja *sólo* existe atracción física, sus relaciones sexuales serán instintivas y superficiales. Si *sólo* hay conveniencia, el sexo se parecerá mucho al intercambio de mercancía. Si *sólo* hay comunicación profunda, el sexo se convertirá en un acto de amistad. Si *sólo* existe voluntad, el acto sexual será un sacrificio, parte de las obligaciones e imposiciones maritales.

02. Una relación SANA debe ser, a la vez, pasional, de conveniencia, de comunicación y de voluntad.

03. Tener relaciones sexuales, cuando existen los cuatro elementos, *al mismo tiempo*, es el acto más sublime y hermoso que pueden vivir dos personas. Si alguno de estos aspectos falla, la vida sexual también se deteriorará.

6. PROBLEMAS SEXUALES EN EL MATRIMONIO

01. Existe la idea errónea de que la mayoría de las uniones conyugales fracasa por mal acoplamiento sexual, pero en realidad el sexo, por sí *solo*, no es el principal causante de divorcio, ya que la vida sexual plena depende de cuatro factores.

02. Si existen los cuatro elementos: pasión, conveniencia, comunicación y voluntad, ninguna de las dos personas se atreverá a lastimar o exigir a la que está fallando sexualmente. Tomados de la mano en un ambiente de complicidad, lucharán juntos y, a menos que tengan una rara disfunción física, resolverán sus problemas sexuales.

03. El sexo en el matrimonio implica una convivencia de compromiso que *funde las personalidades* de los cónyuges; por tanto, crece y mejora con el tiempo.

7. UNIÓN Y AMOR LIBRE

01. A la unión libre le falta el cuarto elemento: *Decisión*.

02. La unión libre es una señal de duda. Es convivir como cónyuges, pero sin compromiso matrimonial, disfrutarse en total intimidad *sin promesa de fidelidad*, que la relación es "a prueba" y puede acabar en cualquier momento, sin muchas complicaciones.

03. El término *"amor libre"* es contradictorio en sí mismo: el que ama se compromete con su pareja.

04. Cuando se procura emprender un "amor libre", la pareja se vuelve esclava de la incertidumbre, la manipulación y el egoísmo.

05. El verdadero amor no está libre de compromiso, pero es en realidad el más libre, porque los seres humanos comprometidos pueden amarse sin límites.

8. SER FELIZ A TODA COSTA

01. Muchas personas piensan que la misión del ser humano es *ser feliz*. Pero la felicidad por sí misma no puede ser el objetivo de la vida.

02. Quien cree que nació *sólo* para ser feliz es el más propenso a las juergas, los desmanes sexuales, las orgías, las comilonas, el culto al dinero, el alcohol, la droga y la *unión libre*...

03. La misión del ser humano no es *sólo* ser feliz sino ser *maduro*, y en la madurez hallar la felicidad verdadera.

04. La madurez se logra mediante la responsabilidad de nuestras decisiones y asumiendo decisiones responsables. Todos estamos llamados a la madurez. Quien deja de madurar deja de crecer, y quien deja de crecer comienza a envejecer.

9. SIMILITUD ENTRE CARRERA PROFESIONAL Y MATRIMONIO

01. Con quién casarse y qué carrera profesional estudiar son las dos decisiones más delicadas de un joven. Muchos, por temor, prefieren no elegir y postergan indefinidamente este paso.

02. Hay quienes escogen una carrera "fácil" para no sufrir ejerciéndola; otros eligen la que creen más lucrativa para ganar mucho dinero con poco esfuerzo. Ni unos ni otros entienden que ni los diplomas ni el dinero dan la felicidad. Lo valioso de una profesión no es el título sino la madurez, la velocidad de pensamiento, la capacidad de análisis, la agudeza mental, los hábitos de lectura, la disciplina de trabajo, la amplitud de ideas y el buen juicio que se obtienen con ella.

03. No importa si el diploma enmarcado dice "Médico cirujano" o "Ingeniero industrial", sino el porcentaje del título que es fraude y el que se respalda honestamente con capacidad mental adquirida.

04. Indudablemente, quienes estudian *bien* una carrera profesional, cualquiera que ésta sea, maduran más y logran un mayor criterio que quienes deciden no estudiar. Lo mismo sucede con el matrimonio. Quienes se casan y asumen *bien* el compromiso definitivamente crecen y maduran más que quienes no lo hacen.

05. Con frecuencia la gente se queja de haberse equivocado al elegir carrera o pareja, pero no existen carreras ni parejas perfectas. Siempre será preferible elegir y seguir adelante, creciendo y madurando, que permanecer soltero o sin estudios *por cobardía*.

10. ¿VALE LA PENA CASARSE?

01. En la vida, cada quien escala su propia montaña. Algunas personas prefieren hacerlo solas para sentir la satisfacción individual de conquistar cada risco sin ayuda y sin compartir el éxito con nadie.

02. A menos que viva una experiencia espiritual muy intensa, el soltero normalmente se torna cada vez más egoísta e intolerante, le exasperan los niños y se irrita con gran facilidad ante los errores ajenos.

03. Uno de los valores más grandes de casarse es descubrir al ser humano *adulto* que existe dentro de nosotros.

04. El matrimonio es una aventura extraordinaria hacia el crecimiento y la madurez. Implica dejar de viajar solo y emprender la expedición acompañado, escalar la montaña de la vida ayudando a alguien y siendo ayudado por alguien.

05. Casarse brinda a la persona la oportunidad de aprender a amar verdaderamente, a entregarse por completo, a heredar a unos hijos lo mejor de sí, a ser feliz haciendo feliz a la propia familia, a trascender hallando un sentido de misión vital.

06. En la época actual se necesita mucho valor para casarse, pero definitivamente es una oportunidad que nadie debe negarse.

07. *El matrimonio vale la pena*.

11. EL COMPROMISO DEL AMOR PROFUNDO (lectura)[43]

Un famoso maestro se encontró frente a un grupo de jóvenes que estaban en contra del matrimonio. Los muchachos argumentaban que el romanticismo constituye el verdadero sustento de las parejas y que es preferible acabar

---

43. Adaptada por Anthony Campolo, *Es viernes pero el domingo viene*, Florida, Vida, 1992.

con la relación cuando éste se apaga, en vez de entrar a la hueca monotonía del matrimonio.

El maestro les dijo que respetaba su opinión, pero les relató lo siguiente:

—Mis padres vivieron cincuenta y cinco años casados. Una mañana mi mamá bajaba las escaleras para prepararle a papá el desayuno y sufrió un infarto. Cayó. Mi padre la alcanzó, la levantó como pudo y casi a rastras la subió a la camioneta.

A toda velocidad, rebasando, sin respetar los altos, condujo hasta el hospital. Cuando llegó, por desgracia, ella ya había fallecido. Durante el sepelio mi padre no habló, su mirada estaba perdida. Casi no lloró. Esa noche sus hijos nos reunimos con él. En un ambiente de dolor y nostalgia recordamos hermosas anécdotas. Él pidió a mi hermano teólogo que le dijera dónde estaría mamá en ese momento. Mi hermano comenzó a hablar de la vida después de la muerte, conjeturó cómo y dónde se encontraría ella. Mi padre escuchaba con gran atención. De pronto pidió: "Llévenme al cementerio". "Papá —respondimos—, ¡son las once de la noche! No podemos ir al cementerio ahora". Alzó la voz y con una mirada vidriosa dijo: "No discutan conmigo, por favor; no discutan con el hombre que acaba de perder a la que fue su esposa por cincuenta y cinco años". Se produjo un momento de respetuoso silencio. No discutimos más. Fuimos al cementerio, pedimos permiso al velador, con una linterna llegamos a la lápida. Mi padre la acarició, oró y nos dijo a sus hijos, que veíamos la escena conmovidos: "Fueron cincuenta y cinco buenos años... ¿Saben?, nadie puede hablar del amor verdadero si no tiene idea de lo que es compartir la vida con una mujer así". Hizo una pausa y se limpió la cara. "Ella y yo estuvimos juntos en aquella crisis. Cuando cambié de empleo —continuó—. Hicimos el equipaje cuando vendimos la casa y nos mudamos de ciudad. Compartimos la alegría de ver a nuestros hijos terminar sus carreras, lloramos uno al lado del otro la partida de seres queridos, rezamos juntos en la sala de espera de algunos hospitales, nos apoyamos en el dolor, nos abrazamos en cada Navidad y perdonamos nuestros errores... Hijos, ahora se ha ido y estoy contento, ¿saben por qué? Porque se fue antes que yo; no tuvo que vivir la agonía y el dolor de enterrarme, de quedarse sola después de mi partida. Seré yo quien pase por eso y le doy gracias a Dios. La amo tanto que no me hubiera gustado que sufriera...". Cuando mi padre terminó de hablar, mis hermanos y yo teníamos el rostro empapado por las lágrimas. Lo abrazamos y él nos consoló: "Todo está bien, hijos, podemos irnos a casa; ha sido un buen día...". Esa noche entendí lo que es el verdadero amor. Dista mucho del romanticismo, no tiene que ver demasiado con el erotismo, más bien se vincula al trabajo y el cuidado que se profesan dos personas realmente comprometidas.

Cuando el maestro terminó de hablar, los jóvenes universitarios no pudieron rebatirle. Ese tipo de amor era algo que no conocían...

12. LOS HIJOS

01. Sólo cuando la pareja tiene hijos funde totalmente sus capitales afectivos en uno solo y se da la oportunidad de compartir ese capital común con otros seres vivos.

02. Todo lo que Dios da a las personas es realmente prestado. Se les da para que lo multipliquen y lo repartan. El que se queda con lo prestado para atesorarlo se convierte en un ladrón. Su egoísmo lo pierde, su comodidad lo arruina.

03. Los casados que, pudiendo tener hijos, optan por no hacerlo para continuar una vida ligera y libre de ataduras son, en realidad, holgazanes, irresponsables y ladrones.

04. Por supuesto que, hoy en día, es difícil educar a un hijo, pero enfrentar ese reto ennoblece, engrandece y ofrece a la pareja la oportunidad de trascender.

05. Se asciende verticalmente logrando metas propias. Se trasciende diagonalmente atravesándose en la vida de otras personas para ayudarlas a subir.

06. La mejor y más noble forma de trascender es darle a un hijo los valores, principios, hábitos, quereres y conceptos propios, en un hogar estable, de amor conyugal responsable.

07. El matrimonio con hijos es maldición para quien busca el placer egoísta, pero puede convertirse en bendición para quien está dispuesto a asumir el verdadero compromiso.

13. EL RETO MÁS DIFÍCIL DE LA VIDA (lectura)

Yo no quiero la unión libre. Quiero casarme contigo. Amor, si lo hacemos, el periodo de adaptación será largo, difícil, doloroso. Pasarán años y no terminaremos de aprender a convivir como pareja. Será complejo, pero valdrá la pena, porque cuando todo parezca ponerse en contra tuya, cuando caigas y te sientas derrotado, sabrás que habrá alguien que te espera con los brazos abiertos, que te ama, que se siente mal por tu tristeza, que estará a tu lado siempre, no importando los giros de tu fortuna. Y si es tarde y no has llegado a casa, tu esposa estará despierta, mirando el teléfono y asomándose por la ventana cada vez que oiga un auto. Y a mí, cuando los niños me falten al respeto, cuando el trabajo de la casa me agobie, cuando mis planes se deshagan y todo parezca venirse abajo, mi esposo me apoyará, me tomará de la mano y me dará fuerzas, como un amigo sincero en cuyo pecho podré llorar abiertamente, sin vergüenza ni temor. Así como compartiremos el dolor también estaremos juntos para vivir las alegrías de nuestros logros, la felicidad de las fechas importantes, la belleza de ver crecer a nuestros hijos. Y cuando apaguemos la luz después de un día intenso tendremos a quien abrazar por debajo de las sábanas para quedarnos dormidos al calor de su cuerpo.

❑

Al terminar la exposición del tema, la directora tocó a la puerta y pidió hablar con su hijo. Lucio salió del aula.

Los jóvenes empezaron a contestar el cuestionario de registro. Dhamar enfatizó la importancia de realizar la última tarea del curso.

Cynthia estaba absorta, trabajando en su material. Dhamar, al fondo del aula, ayudaba a un chico a disipar sus dudas. Efrén se sintió afortunado de contar con esa familia. En su juventud no era muy partidario del matrimonio. Dhamar le enseñó a ver las cosas de forma diferente. Indudablemente, los artículos redactados por Asaf Marín eran ciertos: el matrimonio valía la pena.

Al cabo de un rato los chicos comenzaron a entregar su hoja de registro.

Sonia terminó el cuestionario y al pasar junto a Efrén se detuvo.

—Ya comprobé lo que necesitaba... Fue Lucio.

—¿Cómo?

—Investíguelo.

—No entiendo.

Espió por encima de sus hombros para cerciorarse de que nadie los oía.

—Es el culpable.

—¿De qué?

—De que me acuchillaran.

—Pero Lucio te estima, me consta. Estaba muy preocupado por tu salud. Cuando te agredieron nos encontrábamos charlando en la cafetería. ¡No pudo acuchillarte!

—Él no lo hizo, pero envió a alguien...

—¡Por favor! ¿No conoces a tu compañero? Está confundido, necesitado de afecto.

—Es usted el que no lo conoce. ¿Adónde cree que salió en este momento?

—Su madre lo llamó.

—¡Claro! ¡También está implicada!

—Dios mío, Sonia, ¿qué estás diciendo? ¡Es la directora de la facultad!

Sonrió con tristeza.

—Usted tiene que ayudarme.

—Quisiera, pero...

Salió del aula, esperando que Efrén la siguiera. No lo hizo. En vez de ello, caminó hasta el lugar de Lucio. Se sentó en su silla y comenzó a hojear su cuaderno de apuntes. La letra era impecable. Como toda persona de carácter melancólico, demostraba en sus cosas un dejo de creación artística.

Miró alrededor para comprobar que nadie lo veía hurgar en los útiles de un estudiante. El aula estaba quedándose vacía. Sonia había desaparecido. Dhamar había salido y charlaba con unos jóvenes. La puerta se hallaba abierta. Se agachó para levantar el portafolios. Revisó sus cuadernos sin saber qué buscaba.

En la solapa de una carpeta de argollas Efrén encontró muchas fotografías pegadas. Días de campo, la directora en su oficina, un hombre vestido de militar (tal vez su padre), muchachos y... algo le congeló la sangre en las arterias. Una fotografía que él conocía... La copia en reducción del retrato colgado en la pared principal del negocio de motocicletas.

Se concentró con gran nerviosismo en los rostros del retrato. Era un grupo de jóvenes que reían y hacían señas obscenas al fotógrafo. Todos estaban montados en unas motocicletas de la arrendadora... Observó con el mayor cuidado a cada chico y reconoció a Lucio enseñando sus dientes como mandril en celo, en el extremo izquierdo del recuadro...

—¿Qué significa esto? —murmuró.

Vio los zapatos de alguien parado frente a él.

Levantó la cara. Lucio había entrado al aula y lo miraba con seriedad.

—¿Busca algo?

—Na... na... nada —tartamudeó.

Si era el asesino y sospechaba que lo había descubierto sería capaz de cualquier cosa. Pero, ¿era posible? ¿Además de un problema de identidad sexual, el joven tenía un desorden de doble personalidad? ¡No podía ser! ¡Algo no encajaba!

—Siéntate —lo invitó señalando la silla de al lado a sabiendas de que se metía en una peligrosa situación. El joven obedeció muy despacio sin quitarle la vista de encima—. Quiero que me expliques qué haces tú en esta fotografía, montado en una motocicleta idéntica a la que traía el muchacho que asesinó a tu compañera.

—Todas las motos son iguales ahí.

—Lo sé. Pertenecen a una arrendadora. Pero, ¿por qué nunca dijiste que sabías dónde podían rentarse? ¿Por qué cuando los estudiantes atraparon al chico enclenque no dijiste que tú conocías el sitio del cual provenía su vehículo?

—Bueno... Mi amigo trabaja en ese lugar... Y yo no quería que lo fueran a culpar...

—¿Tu amigo? ¿El celoso empedernido? ¿El que te mangonea emocionalmente? ¿El que trató de suicidarse para hacerte sentir responsable? ¿El que ahora vive contigo amparado por tu madre consentidora...? ¿No querías que lo culparan?

—Mida sus palabras o se va a arrepentir.

Detectó un destello de maldad en sus ojos.

—En alguna ocasión traté de saber qué era el sexo con mujeres, pero las chicas me decepcionaron... Las únicas caricias gratificantes las he vivido con hombres... Sobre todo con mi amigo...

—A ver, Lucio, cálmate, una vez me dijiste que hace tiempo tuviste sexo con mujeres. ¿A qué chicas te referías? ¿Con quién o con quiénes te acostaste?

Lucio perdió la rigidez de su rostro y palideció.

—Sólo tuve sexo con mujeres una vez... —confesó—. Fue con dos al mismo tiempo: Sonia y Magdalena.

Decir que una cubeta de agua helada cayó sobre Efrén sería poco. En realidad sintió que el cielo entero le caía encima.

Dijo Sonia al salir del hospital:

—Creo que el asunto de Magdalena no fue obra de un psicópata espontáneo sino de alguien que planeó vengarse de ella y de mí...

—¿Por qué mandaste acuchillar a Sonia? —preguntó sin más rodeos.

—Yo sólo quería que la asustaran. Su vida peligra. Claro, no quería que la lastimaran. Todos los de esa banda están locos. Yo quiero mucho a Sonia. Debe irse de aquí.

—¿Qué tienes en su contra?

—Nada —comenzó a llorar—. Yo nada...

Efrén se puso de pie y salió del aula. Caminó directo a las oficinas.

Sonia estaba parada en el pasillo con gesto aterrado.

—Acompáñame

Llegaron a la recepción.

—No pueden pasar —los detuvo la asistente—. La doctora Escandón está ocupada. Los inspectores de la policía se encuentran...

No hizo caso. Pasó de largo y abrió la puerta de un empujón. Sonia lo siguió.

En efecto, los dos policías encargados de la investigación se encontraban sentados frente a la directora de la facultad.

Sobre el escritorio estaba la fotografía de los muchachos en motocicleta haciendo señas obscenas.

—Sabemos quién asesinó a Magdalena —dijo Efrén por todo saludo. Los policías lo miraron incrédulos.

—¿Qué?

—Hemos identificado al sujeto —reiteró—. Sabemos quién es y dónde está.

—A ver —habló uno de los agentes articulando muy despacio—. ¿Pueden reconocerlo en esta fotografía?

Sonia se adelantó. De inmediato señaló al joven más alto y fornido en el centro del retrato. Era un típico fisicoculturista; usaba una camisa ajustada y pantalones ceñidos.

Lucio había dicho:

—Es un hombre muy apuesto, las mujeres se derriten por él, pero vive una doble vida. En el fondo odia a las chicas y odia a su mamá. No es amanerado, pero sí sumamente voluble.

—Es él —corroboró Efrén—, pero... lo más importante —se detuvo y observó a la directora que parecía espeluznada; sintió pena por ella. Sin embargo, la pesadilla debía terminar ya—, lo más importante es que la doctora Norma Escandón lo esconde en su casa.

Los policías tardaron en reaccionar. Pensaron que era una broma. No fue sino hasta que la misma Norma Escandón se puso de pie para intentar salir cuando se movieron con rapidez y la detuvieron.

—¿Adónde va? ¿Por qué tanta prisa?

—¡Déjenme en paz!

—¿Por qué huye?

—Tienen que apurarse —intervino Sonia—. Lucio es amante de este tipo. Casi estoy segura de que ya lo previno por teléfono. Deben ir a la casa de la doctora. Tal vez todavía lo encuentren.

Los policías no comprendían las afirmaciones, pero el nerviosismo de Norma Escandón los hacía dudar.

—Llévenos a su casa.

Salieron.

Efrén se tapó la cara con las manos.

¿Así que el famoso amigo homosexual era tan extremadamente celoso que había buscado vengarse de las únicas dos amantes mujeres que Lucio había tenido...? ¿Así que el sujeto era tan posesivo e impulsivo que, además de mangonear al hijo de la directora, le había demostrado, con hechos, de lo que era capaz si se alejaba de él? Se preguntó si la mamá de Lucio sabría que su huésped era asesino; si realmente Lucio mandó agredir a su compañera con la esperanza de alejarla de un peligro mayor. Movió la cabeza negativamente sin poder esclarecer tantas preguntas. Abrazó a Sonia por la espalda y salió con ella de la oficina.

TEMA 12
Dignidad sexual

1. DIAGRAMA DEL TEMA

01. La dignidad del hombre y la mujer constituye el fin último de la sexualidad. El noviazgo constructivo y las caricias bien llevadas proporcionan una dignidad temporal. La dignidad definitiva se alcanza siempre a través de una espera edificante o de un matrimonio sano.

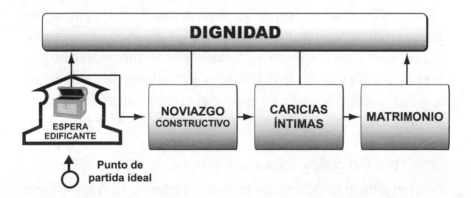

2. DEFINICIÓN

01. La **dignidad sexual** es un nivel de madurez que permite a la persona comportarse con decoro y valoración total de su ser.

02. No es preciso estar casado ni tener pareja para alcanzar la dignidad; no obstante, cuando se logra, siempre se experimenta:

- Respeto a sí mismo.
- Equilibrio entre cuerpo y alma.
- Capacidad para ofrecer testimonio público de las convicciones.
- Un quinto cofre cerrado y custodiado.

Dhamar interrumpió la explicación.

Fuera del aula se escuchaban más ruidos de los habituales. La facultad se encontraba de cabeza, las clases estaban informalmente suspendidas. Se había corrido la voz de que la directora y su hijo habían sido detenidos, acusados de complicidad en el asesinato de Magdalena. Algunos profesores se organizaban para ir a la policía a apoyar a la doctora. Otros, confundidos por las noticias, preferían abstenerse de adoptar partido. Algo era claro: los estudiantes no querían clases. Consideraban los acontecimientos lo suficientemente delicados como para declararse en huelga intelectual.

Cuando Dhamar y Efrén llegaron esa mañana, fueron abordados en desorden por la mayoría de los jóvenes de su curso. Les preguntaron si sabían algo nuevo. Respondieron que no. Fueron al aula y todos los siguieron. Expusieron la posibilidad de llevar a cabo la última sesión del curso. Dados los recientes sucesos, era factible que no contaran con otra oportunidad para ello. Lo sometieron a votación. Todos estuvieron a favor. Querían que se expusiera el tema.

—Han sido tiempos difíciles —dijo Efrén—. Hemos estado en medio de un huracán. Todos, en mayor o menor medida, fuimos heridos. Pero las ráfagas están pasando ya. Se aproxima la hora de revisar los estragos y comenzar la reconstrucción. La universidad necesitará mucha ayuda de jóvenes con dignidad, dispuestos a luchar por ella.

El ambiente en el aula era de unión y complicidad. El curso había logrado mucho más que instruir sobre conducta sexual: había despertado en los chicos sus más nobles propósitos.

Dhamar aprovechó el silencio para exponer los siguientes puntos.

3. RESPETO A SÍ MISMO

01. Al respetarse a sí mismo, el ser humano respeta también a su pareja, si la tiene, y sabe darle su lugar.

02. Ser cuidadoso y llevar las relaciones sexuales en tiempos de calidad es muestra de respeto. Un hombre procura esperar a la mujer. Una mujer intenta seducir al hombre.

03. Algunos varones en su misma luna de miel cometen el error de apresurarse al grado de forzar y lastimar a su esposa. Algunas mujeres recuerdan la primera noche como una experiencia triste y dolorosa porque su esposo llegó a ella sin el respeto necesario para ser paciente y cariñoso.

04. El respeto propio, a la pareja y a la sexualidad es el primer indicio de la dignidad.

4. EQUILIBRIO DE CUERPO Y ALMA

01. Ser equilibrado es ser feliz sin olvidar ser responsable; disfrutar las sensaciones del cuerpo sin separarlas de la fuerza del alma; admirar la belleza física sin olvidar la belleza interior.

02. Ser equilibrado es ser profundo. Ver más allá de lo aparente y no dejarse llevar por los impulsos.

03. La pareja equilibrada disfruta sus diferencias sexuales, pero nunca pierde el contacto espiritual.

5. CAPACIDAD PARA OFRECER TESTIMONIO PÚBLICO

01. Analizando el esquema del curso, el origen de la verdadera DIGNIDAD es la ESPERA EDIFICANTE. En ella se produce un cambio interior profundo. Sólo después de ese cambio pueden propagarse los valores propios.

02. Cuando se ha logrado la verdadera dignidad, no se tienen reparos en declarar abiertamente las convicciones. El individuo las expone y las lleva a la práctica.

03. Poseer dignidad es ofrecer testimonio de cambio.

—Poseer dignidad —Dhamar parafraseó los últimos párrafos— es declarar abiertamente las convicciones. Al inicio del curso hubo mucha resistencia. Un buen número de ustedes se mostraban en desacuerdo con algunos de los términos del material. Se les pidió que hicieran un ALTO SEXUAL, para que en una ESPERA EDIFICANTE pudieran reflexionar y hallar algún sentido de cambio positivo.

Los chicos la miraban fijamente.

—Por favor—continuó—, quien haya experimentado ese cambio levante la mano y pase al frente para compartirnos su testimonio.

Se produjo un momento de tensión. Efrén tomó asiento detrás de la mesa. Dhamar permaneció de pie junto a la puerta. Sabían que sería difícil para el primer voluntario, pero no para el resto... De pronto sucedió algo sorprendente. Uno de los jóvenes atléticos, el más agresivo, levantó la mano para participar. Dhamar le concedió la palabra. ¿Quería boicotear el cierre del curso? Al verlo caminar hacia el frente, nervioso y descompuesto Efrén se sintió tranquilo y conmovido a la vez.

—Uno de los párrafos que más me impactó —comenzó con voz pausada— lo mencionó la doctora Dhamar: "Dios perdona siempre; los hombres, a veces; pero la naturaleza, nunca". Mi orgullo quedó destrozado cuando vi parada aquí, donde estoy, a Laura. Fue mi compañera en el bachillerato. Sentí una enorme pena por su tragedia y me di cuenta de que tal vez yo merecía más ocupar su lugar... —agachó la cara y se aclaró la garganta para continuar; todos escuchaban con gran interés—. Laura me gustaba mucho, pero nunca me correspondió. Me decepcioné tanto que comencé a jugar con el resto de las chicas. Me convertí en un engatusador. Aprendí a seducirlas. Salía con dos o tres a la vez. Empecé haciéndolo por despecho y terminé por gusto. El sexo proporciona una gran satisfacción momentánea, pero después necesitas más.

El joven se detuvo. Ana, la chica que salió del aula en aquella segunda sesión para darle las gracias a Efrén con la mirada, se había ruborizado y permanecía rígida en su asiento.

—Yo... Al iniciar el curso intenté seducir a una muchacha de este salón que me atraía de forma especial. Agredí al profesor Efrén porque sentí que estaba echándome a perder mis planes... Traté de que cancelaran el curso... Pero él me dio dos opciones: desaparecer del aula y de la vida de ella para siempre o escuchar las sesiones y pedirle disculpas. He asistido al curso, pero no le pedí disculpas a ella. Quiero hacerlo enfrente de ustedes, pues creo que de alguna forma mi ofensa fue pública... Todos conocían el plan.

Hubo risas. Movimientos de inquietud. La joven, ruborizada, se puso casi de color marrón. Se encogió en la silla como estatua de barro.

—Anita, perdóname... —continuó el joven—. Sé que nunca has tenido relaciones sexuales y luchas por mantenerte así hasta el matrimonio. Me lo dijiste varias veces y, para mí, se volvió un capricho hacerte cambiar de opinión. Perdóname, repito. Otra frase que me impactó fue la que explica que los hombres en realidad sólo podemos amar con intensidad a las chicas que se dan a respetar, pero a las que ceden sólo las usamos... Creo que, después de todo lo que hemos escuchado, no merece la pena seguir fingiendo. Te respeto y te valoro. Si puedes concederme otra oportunidad... quisiera ser tu amigo.

Ella no se movió. Alguien comenzó un aplauso. El resto lo imitó.

A partir de ese momento el ambiente en el aula se volvió fraternal.

Todos querían participar. El arrebato contagió hasta a los más callados. El joven regresó a su asiento.

Dhamar le concedió la palabra a Cynthia. Efrén se puso nervioso sin querer. Pocas veces había visto a su hija hablar en público. Todos la observaban con interés.

—Papá, mamá —comenzó—, quiero darles las gracias. Yo he sido testigo de cómo han sacrificado muchas cosas por estar aquí. Los he visto estudiar y trabajar hasta altas horas de la noche, los he visto discutir, presionados por la enorme tensión, los he visto meterse en problemas e intentar ayudar a cada compañero —se le quebró la voz—. Gracias. Me siento muy orgullosa y quiero expresarles que sería una mala hija si no practicara cada concepto del curso. Los temas me ayudaron a no caer en una relación destructiva con mi novio. Sufrí mucho cuando me dejó, cuando reapareció y trató de abusar de mí, cuando rechacé sus promesas de cambio. Estoy superando la decepción y he comenzado a sentir paz... Uno de los párrafos que más me impresionó fue el que dice que es rasgo de madurez muy claro TERMINAR las relaciones amorosas destructivas por el simple hecho de que son destructivas y no porque exista otro romance en puerta... Estoy aprendiendo a amar la soledad... Papá, mamá, los quiero con toda el alma. Sé que lo saben, pero necesitaba decirlo aquí.

Sus compañeros aplaudieron. Dhamar se limpió un par de lágrimas y aplaudió también. Efrén la miró con orgullo.

Ana pasó al frente. Su testimonio fue corto:

—Siempre me he sentido como anormal en un ambiente en el que la mayoría tiene relaciones sexuales. Llegué a la conclusión de que era yo quien estaba mal —se dirigió al joven atlético de frente—. No te faltaba mucho para conseguir tu propósito.

—¡Maldición! —contestó el muchacho desde su asiento en un tono de broma y enfado exagerado. Todos rieron.

—Ahora todo es distinto —continuó sin poder evitar también una sonrisa—; me siento bien conmigo misma y, sobre todo, percibo una unión sincera con todos mis compañeros. Somos ahora como una familia. ¿Sabes? —se dirigió de nuevo a su musculoso pretendiente—, yo también te respeto, te valoro y por supuesto quiero ser tu amiga.

Los aplausos sonaron mucho más exaltados. Se oyeron gritos de pasión, silbidos y uno que otro coro de "beso, beso"; pero pronto los jóvenes guardaron silencio para escuchar a otro compañero, especialmente reservado, que se paró al frente.

—Mi padre no vive con nosotros —comentó en voz baja—, pero en ocasiones me invita a salir —el mutismo se hizo total, pues era extraño escuchar hablar a ese joven—. Desde niño me llevaba a centros nocturnos, asegurando que deseaba enseñarme a "ser hombre"... Él me pagó la primera prostituta...

Hizo una larga pausa. Jugueteó con el bolígrafo que traía en la mano. Dhamar y Efrén cruzaron una mirada circunspecta. Jamás imaginaron que verían a esos enormes jóvenes reservados, despojarse de la máscara frente a sus compañeros y hablar con el corazón. Era mucho más de lo que habían anhelado.

—Mi padre me incitaba a que tuviera varias novias y me acostara con ellas —continuó el muchacho—, se enorgullecía de "su hijo" cada vez que le platicaba cómo me burlaba de una chica... Después del capítulo sobre libertinaje sexual caí en la cuenta de que tenía que detener eso. Hablé con él. Le expliqué que ya no deseaba acompañarlo a esos lugares. Que respetaba su manera de pensar, pero necesitaba que respetara la mía. Se enfureció. Me llamó "marica". Me agrada mucho el párrafo donde dice que el reto de la espera edificante también es para los hombres, que quienes respetan a la mujer son verdaderos hombres, de los que cada vez hay menos.

El joven se dirigió a su asiento. El aplauso que recibió fue menos efusivo, pero mucho más cálido.

Cuando Sonia levantó la mano para hablar, todos la miraron con gran expectación. Dhamar le concedió la palabra. Pasó al escenario en una atmósfera de tensión creciente.

—Ustedes saben que yo aborté una vez —se detuvo como dudando si continuar o no; respiró un par de veces y se decidió—: Saben que tuve relaciones con varios chicos. Mi mayor problema era que la carga de culpa me aplastaba. No podía perdonarme. Me sentía sucia. Indigna. Cerrada a toda posibilidad de cambio. Hasta que escuché algo que me partió en dos... Que Dios me ama a pesar de mis errores. Saber que el Ser Supremo conoce mis debilidades y perdona todos mis errores del pasado fue como un choque eléctrico de alto voltaje —bajó la mirada y perdió un poco de aplomo—. Después de lo que le pasó a Magdalena, mi reputación se fue al suelo. Cuando quitas la tapa de una cisterna puedes hallar agua limpia o, por el contrario, fetidez y ratas. Las personas que tenemos sucia nuestra cisterna siempre vivimos en pos de un objetivo: mantener la tapa bien cerrada... Mi cisterna quedó al descubierto. Estaba decidida a abandonar la escuela este semestre. Cerrar la tapa y cambiar de amigos. Ahora sé que de nada me sirve huir de ustedes porque no puedo huir de mí. Necesito limpiar mi interior... Dejaré la tapa abierta para limpiarla y que todos sean testigos de mi cambio... Sé que Dios me está dando una oportunidad. No lo defraudaré... No voy a defraudarme a mí misma. Les pido también una oportunidad... Quiero que lleguen a amarme y a admirarme por la pureza de mi corazón. Debo resanar y enyesar muchas marcas del pasado; sé que no será fácil, pero voy a hacerlo. No me rechacen, por favor...

A diferencia de los otros testimonios, el de Sonia no inspiró aplausos ni felicitaciones. Cuando iba camino de su asiento, Cynthia se puso de pie en el pasillo y la interceptó para darle un fuerte abrazo. Ana también la abrazó y después varios jóvenes hicieron lo mismo, en señal de aprecio y aceptación.

—Hay un último punto del curso —mencionó Dhamar en cuanto comenzaron a regresar a sus asientos—, la dinámica más importante... Saquen por favor la carta especial que escribieron de tarea.

Se escuchó un murmullo general y el movimiento de todos los chicos mientras buscaban el papel entre sus cosas.

—La tarea decía: "Escribe una carta a la persona que será tu pareja definitiva que incluya lo que piensas y sientes sobre la sexualidad. Háblale de los anhelos e ideales que te gustaría convertir en realidad algún día con ella".

Esperó a que los estudiantes tuvieran sus cartas frente a sí para explicar el último punto del curso.

❑

6. DIGNIDAD ES PONER LLAVE AL QUINTO COFRE

01. Antiguamente se creía que una membranilla como el himen representaba el quinto cofre lleno de riquezas. Hoy se sabe que eso es una idea absurda, pues con la pornografía, las orgías, la masturbación viciosa, las desviaciones, la sodomía y otras prácticas se puede ensuciar el cofre sin perder el himen.

02. La verdadera dignidad sexual se encuentra en el respeto propio, el equilibrio, el testimonio y el cuidado de las zonas íntimas.

03. Cerrar el quinto cofre y custodiarlo es un acto de responsabilidad y madurez sexual.

04. Es conveniente, al hacerlo, escribir una nota para la persona que algún día tendrá acceso a ese quinto cofre.

Dhamar pidió a los jóvenes que escribieran la siguiente nota en alguna parte de su carta especial, la doblaran y guardaran. Cuando llegara el día de adquirir un compromiso matrimonial con su pareja definitiva, debían sacar la carta y dársela como un símbolo de la llave de su quinto cofre.

Hoy he decidido guardar mi sexualidad para ti. Te respeto y me respeto. Concibo el sexo como algo especial y hermoso. Eres la persona que esperé durante toda la vida. Mereces lo mejor de mí, cosas que no he compartido con nadie: mis secretos, mis anhelos, mis recuerdos más profundos, mi cuerpo y mi espíritu al desnudo... He decidido entregarte todo. Esta carta es más valiosa que el propio anillo de compromiso. Es nuestra. Es secreta. Representa la llave de mi intimidad. Algo exclusivo para compartir contigo, la muestra fehaciente de mi amor por ti.

Esa noche Efrén, Dhamar y Cynthia se conectaron con Asaf Marín en videoconferencia y charlaron con él por más de una hora. Efrén le explicó lo que había ocurrido durante el curso. Cynthia le relató el drama de Lucio y la directora, luego Dhamar le describió los testimonios de la última sesión y finalmente Efrén le dio las gracias por su invaluable apoyo.

Muchas cosas cambiaron en la universidad los días siguientes.

No encontraron pistas que inculparan a la doctora Escardón y a Lucio como cómplices del asesinato de Magdalena, pero los acusaron de encubrir al homicida. Les impusieron una fuerte fianza. La universidad, por conveniencia propia, los ayudó a salir del problema legal.

El nuevo rector de la facultad de medicina resultó ser amigo de Dhamar. Cuando aquel curso terminó, los alumnos se encargaron de correr la voz y, a las pocas semanas, se habían comprometido con el nuevo rector a dictar varios cursos más.

Sin embargo los grupos siguieron creciendo y llegó el momento en que Dhamar y Efrén se vieron precisados a impartir sólo conferencias masivas. Eso no era deseable, pues, por más gratificante que resultara un evento magno, se convertía sólo en una tarde de reflexión. Un día se retiraron de un enorme centro de convenciones con la sensación de que la semilla sembrada no germinaría a menos que otras personas continuaran el trabajo de seguimiento.

Se comunicaron con Asaf Marín para pedirle su opinión.

—Publiquen el curso —les dijo—, de esa forma pondrán al alcance de muchas personas lo que hasta ahora ha sido privilegio de muy pocas.

—Pero, ¡es nuestro gran tesoro! —protestó Dhamar—. Tú lo escribiste. Tiene tus "derechos de autor", no sería justo que cayera en manos de personas que no supieran valorarlo.

—Por mí, les cedo mis derechos.

—Pero, papá —insistió Dhamar—, ¿no habrá otra forma de optimizar la ayuda sin abaratar un material que vale oro?

—No lo creo. Deben difundirlo, ponerlo al alcance de maestros, padres, líderes y, sobre todo, jóvenes... Ustedes están muy atareados con tantos compromisos, ya no tienen tiempo de impartir el curso completo. ¡Pasen la estafeta! Para ayudar a los jóvenes no se necesita ser un escritor ni un con-

noso, sino una persona con el don de servicio y
amarlos, convocarlos en pequeños grupos; que
los muchachos tenga el material, y comenzar.

bargo —rebatió Efrén—, si publicamos los temas
, los párrafos leídos superficialmente serían poco
lo si se estudiaran en forma de curso, respaldados
etodología de preguntas y tareas, se convertirían en
fundamentales.

í es —coincidió Dhamar—. ¿Cómo hacer que la gente,
ás de leer el libro, lo estudie?

Bueno, deben confiar en que algunos lo harán. Varios
untarios profesionales captarán todos los recursos peda-
gicos que ustedes usan y se encargarán de propagar la se-
illa.

Efrén miró a Dhamar. Su rostro reflejaba una chispa de esperanza que le inspiró paz.

Aceptaron. Publicar el curso de Dignidad Sexual sería como
donar al mundo un pedazo de su alma. Al principio doloroso,
pero gratificante después.

Como quien planta un nogal, tal vez Dhamar y Efrén no verían el fruto jamás, pero la semilla estaba sembrada.

Este libro se imprimió en enero de 2016 en
los talleres de Litográfica Ingramex, S.A. de C.V.
Centeno 162-1, Col. Granjas Esmeralda, México D.F. C.P. 09810
ESD 20e-25-8-M-7-01-16

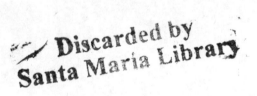